もう革命しかないもんね

森元斎

晶文社

装画　芦野公平
装丁　佐藤亜沙美

はじめに

この本は、高学歴ワーキングプア状態であった私の「悪戦苦闘のドッキュメント」（by西田幾多郎）である。どう考えても、自分や友人や家族に起因しない問題、つまり社会の問題であり、国家の問題によって、私たちの生活がどうなってきたのか、どうなっているのか、どうなっていくのか、そういった問題に囲まれながら暮らしてきたのが、ここ数年間であり、定職を得た今でも抱えている問題である。

一時期、ネットスラングで「お花畑」という言葉があった（今もあるの？）。私があるニュース番組に出演したときのことである。ちょうど、出演するその日に北朝鮮のミサイルだか、衛星ロケットだかが打ち上げられた。そこで、もし日本をターゲットに打ち込んでくる場合、森さんならどうしますか、という質問が寄せられたので、これに対するコメントとして、こう答えた。

私は今、福岡に住んでおり、北朝鮮が衛星ロケットではなくミサイルを、福岡の私が住んでいる地域に打ち込んでくると仮定した場合、およそ一〇分弱。その間、どうするかって？

行けるとこまで逃げるしかない。それしかできない。

そう答えた。

とても現実的であると思うのだが、その発言が「お花畑」とバズったらしい。

「お花畑」と一生懸命書き込んでいらっしゃる方々は、このミサイルを迎撃できる術をお持ちなのだろうか。日本政府機関の人間でもなければ、防衛省関係の人間でもないだろう。その予算やらを工面できる立場にもないだろう。また前提として、衛星ロケットなのかミサイルなのか確定させなければならないし、福岡に打つよりも、正直、日本の原発群に打ち込むなり、東京に狙いを定めるなりした方が、戦争するならば、勝算は高いのではないか。

私が北朝鮮でもしも戦争遂行の立場にある人間ならばそうする。私でなくとも、誰でもそうすると思う。

そして福岡のよりによって、私が住んでいる地域など、狙うことはない。狙うならば、東京やら大阪やら主要都市を壊滅させ、残りの地域もついでに、という感じで撃ち込むくらいだろう。というか、そもそも日本に攻撃仕掛けたところで、なんの利益があるのか謎である。

そう、この問い自体が現実味を帯びていない「お花畑」であるし、このお花を咲かせてくれたネット民の脳内が「お花畑」なのである。

とはいえ、まぁ、別段気にしていない。

私の脳内は「お花畑」でも構わない。素敵じゃない、「お花畑」。その後、古市なんとかや、落合なんとかというちょっと売れているであろう人たちが出ている番組に出ないかという打診がいくつかあったのであるが、お断り申し上げた。テレビ出演すれば、本も売れるし、いいじゃん、と周囲からの声もあったが、この手の番組に出演するのは、もう、いいかなと思いつつ。

それはそうと、売れることを逸し続けている私に、『文學界』なる雑誌から連載の声がかかり、本書のもとが書かれた。連載の間も、いろいろあり、周囲に迷惑をかけまくった。友達も失ったりしたし、新たに友達ができたりもした。書籍化に際して、新たな友人である晶文社の編集者である江坂さんから声がかかり、刊行の運びとなった、なんだか、「はじめに」のくせに、「あとがき」みたくなってしまっている。「あとがき」はもっと別のこと書くから許して。

そう、本書のことだ。

本書は、福岡のある里山地域に引っ越して、就職が決まり、長崎に引っ越すまでのおよそ二年間にわたる私の生活の「悪戦苦闘のドッキュメント」である。当初生活を始めた際には、年収は六〇万円ほどであった。その後二〇〇万円くらいにはなったが、子どもが二人いる生活はなかなか厳しいものがあった。しかしながら、それでもなお、不思議なもので、生きていけた。そう、お金はあっても生きていけるが、なくても生きていける。もちろん、お金がないことを肯定しているわけではさらさらない。冒頭にも述べたように、社会福祉が機能しているとは言い難いこの日本社会において、それでもなお、生きていかねばならず、そういった状況下での私なりのささやかな抵抗とその知恵を皆さんと共有できればと思い、執筆したのが本書だ。

もちろん、すべての読者の共感を得たいなどとつゆも思っていない。状況も異なるだろう。しかしながら、なんら特別なことは何もない。読者自身が、これなら真似できるかも、と思える部分を真似してくれればいいし、ちょっと違う仕方でアレンジしてくれても構わない。だって、生き方なんて、人それぞれなんだから。お金がない私の生活がどのように営まれてきたのか、何を考えながら生活してきたのか、ここでは書いてしまおうってわけ。

唯一ある本書の縛りは、日常生活を哲学的に考えてみる、しかも生活実感を離さずに、というものだ。これはこれで、なかなか難しい。本書の中でも触れたけれども、実際、哲学的な思考そのものを、日常的な生活と結び付けて考えることなんか、大学でも大学院でもほとんどしてこなかったし、ともすれば、哲学は小難しいことをそのままテキスト読解としてやっていくままであり、日常は日常で淡々と過ごしていく。要は別々のものとして処理してしまいがちなのだ。

でも、せっかく、哲学を自分なりに学んだのだから、日常生活のさまざまな思考にも役立つだろうし、実践にも役立つだろうというので、これら別々のものを一緒くたにして、生きてみたら、どうだろう、ということで、その悪戦苦闘具合を具現したのが、本書なのである。

まぁ、この本をとって、ひとまず、ゆっくり、引きこもりながら、読んでみてくださいよ。何か、ヒントがあるかもよ。ないかもよ。コロナでも、本書を読めば、革命だ（by 詠み人知らず）。

もう革命しかないもんね　目次

第1章

家探し

まず、拠点をつくる

はじめに

以前住んでいた家は不動産屋を介さずに借りていた。

敷金も礼金も、仲介手数料も取られない家だった。行政の空き家バンクも使っていない。家の広さは8SDK、それに加え納屋付きだ（納屋の二階には二部屋ある）。母屋の一階は6SDK。Sと呼んでしまえば聞こえはいいかもしれないが、実際は、謎の収納部屋だ。

この謎の収納部屋の隣の部屋も、私たちは収納部屋にしてしまっていた。贅沢な使い方だ。これらの収納部屋に何が収納されているのかというと、捨てるのが面倒だったこの家の持ち主（つまり大家さんね）の荷物を突っ込んである。ぶっ壊れた冷蔵庫やら、でっかい鏡台やら、カビだらけのベッドやら、炬燵やら、机やら、謎の小物やら。

なので、使っているのは実質5DK。そう、それでもなお、まだ広々と家を使えてしまうのだ。家に住んでいるのは四名。当時、七歳児と四歳児と三七歳児と三五歳児（これが私である）である。家賃は五万円（後に三万円になった）。場所は、福岡のいわゆる里山である。

とはいえ、博多駅まで、公共交通機関を使えば三〇分（バス一五分、電車一五分）。車なら（飛ばせば）二〇分くらいだ。田舎ではあるが、交通の便は悪くないし、街中にも出やすい。街中に用事がないのでそんなに行かないけど。

ちょっとした来歴

東京出身の私が何でこんなところに住んでいるのか、という話からはじめてみようと思う。生まれてから学部生までは、東京（と言っても基本的には西の郊外である。最大の都会は吉祥寺だ）、大学院で関西（学校は大阪だったが、住んでいたのは諸事情あって京都）、その後、おフランスのパリ（花の都どころか犬のうんこが道端に大量に落ちている場所だった）に留学して、お金とやらをすべて使い果たした。自慢ではないが、お金は三万円以上貯蓄したことは、ない。えへん。

おフランスに留学したといっても、学位をとったわけでもない。さしておフランス語が流暢に、コマンタレヴ、ゴマサヴァ美味しいですか、どうも高田純次です、何てスラスラ出てくるわけでもない。パリで何をしていたのかというと、革命を目論むオソロシー、アナキストと交流し（と言っても、カフェでくっちゃべったり、飲んだりしていたのがメインである、たまにビラ貼ったり）、あとは思い出したように大学やらに行って、セミナーに顔出したり、中東料理を食べたり、ハマムという銭湯に入ったりしていた。

要はふらふらしていたのである。

私の本業は学業であったはずだ、と思い出してみたりして、慌てて再びいろんな哲学の研究会に行ったり、ヴランやジベール・ジョセフという、日本で言えばジュンク堂とか紀伊國屋書店のような本屋でひたすら本を手にしたり、大学の図書館やら、フランス国立図書館で資料を眺めたりしていた。

一緒に、パリに来ていたパートナーも、こんな感じでふらふらしていた。そうこうしていると、どうもパートナーが妊娠し、子どもが産まれそうだと相成った。てぇへんだ、てぇへんだ。フランスは出生地主義だとかぼんやり聞いたことがあったので、このまま子どもをフランス人にでもしてみようかね、なんて思っていた。しかし、調べてみると、子どもが妊娠した時までさかのぼって、その時にフランスにいたのであれば、フランス人に、そうでなければ、そうじゃない、ということを知った。

そうか、ということで、一生懸命さかのぼってみたのだが、妊娠したのは、日本にいた時点であったようだ。これは当時の大統領であったサルコジがこのように法改正したようだ。ちっくしょー。うちの子どもはおフランス人なんざんす、なんてちょっと面白いじゃんくらいに思っていたのだが、そうはならず。残念。この辺の事情は、大統領が変わるたびに変わったりしているので、今はどうなっているのかは、わかりません。

どこで子どもを産むべきか悩んだのであるが、飛行機に乗れる時期というのも、妊婦さんは限られている。言語環境が違うとなんだかんだストレスを感じるかもね、ということで、パートナーだけ先に福岡の実家に帰った。私は、また一人で淡々とふらふらする生活。そうこうしていると、いよいよ産まれそうなんよね、ということで、一時的に福岡に向かおうとして飛行機に乗ったのが、二〇一一年三月中旬。

そう、二〇一一年の三月といえば、日本は、大パニックであったあの時期だ。私も大パニック。アナキストたるもの、祖国がどうこうとかで、あまり動じないが、なんせ、国家よりも恐ろしい、自然と放射性物質が暴れ出したのである。

国家もむろん恐ろしい。アーマンド・イヌアッチ監督『スターリンの葬送狂騒曲』(原題は『スターリンの死』で、ファビアン・ニュリ作、ティエリ・ロバン画の同名コミック)という映画を見たのだが、そこではスターリンへの忖度やら恐怖やら凄まじいものがあった。

スターリンの死後においてもなお、スターリン周辺の輩が権力を我がものにしたいがために、ともすればマヌケなことばかりが生じる始末。もちろん、容赦なく粛清しまくるのがスターリン流であるし、スターリンの周辺の輩のやり方である。権力なるものの魅力とその帰結を余すところなく伝えてくれている。ただあくまで人間なので、その人間を罷免したり、その人間から逃げることはできなくはない、というか、できる。

人間よりも怖いのは、非人間である。自然は私たち人間以上に偉大で、それが破壊的な地震でも起こそうものなら、逃げおおせることもできないことだってある。放射性物質なんてものは、逃げたくないのに、避難を余儀なくされたり、いつどんな時点で私たちの人間の身体に影響が及ぼされるのか、医者だってわからない曲者だ。怖すぎる。

＊

パリにいた時、例の地震と原発爆発の直後だったと思うが、確か三月一二日か一三日くらいのことだった。テレビをつけたら、いきなり、報道番組のようなものが始まって、司会者らしきおっさんが番組冒頭、開口一番こう言った。「せ・ふぃに・お・じゃぽん！」。「日本終わっちゃったね！」とよく知らないフランス人のおっさんからテレビ越しにご教示賜った。

そうか、終わったのか。めでたし、めでたし。

こうなったら帰国して、革命運動に便乗して、いかなる国家も樹立させないようにせにゃならんなぁと思ったりもしたかもしれないが、ただこの時ばかりは、呆然と、津波がすべてを飲み込み、原発が爆発した瞬間の映像なるものが繰り返し流れていくのを見ていた。正直、怖かった。またフランスの報道では、こうした状況を劇的に報道するので、私の恐怖心を煽り立てるのに一役買っている。

自分の当時の予定表を見てみると、自分が発表すべき研究会が三月一三日。フランス語で気合い入れて発表じゃ、とは思っていたのだが、周囲の人たちからも、おい、日本は大丈夫か、家族は大丈夫か、友達は大丈夫か、とひたすら心配されてしまい、結局、研究発表どころではなかった。一通り「ホワイトヘッドにおけるなんちゃらかんちゃらのなんちゃらかんちゃらについて」という題目で私は発表をし、他の方々の発表も聞いた上で、研究会が終わり、打ち上げで飲みに行くも、研究内容の話は、社交辞令程度に、良かったよ的なことを言われるのみ。

ひたすらチェルノブイリではどうだったとか、ドイツの緑の党の反核の取り組みはどうだとか、フランスの原発もやばいぞとか、そんな話ばかりだった。翌日は、またヴランやらジベール・ジョセフやらに赴き、打ち上げ時に教えてもらった反核関連の著作を買い込んで、ひたすら荷物をまとめた。そう、一五日に飛行機に乗って、そろそろ産まれるであろう我が子と対面するべく福岡に向かうのであった。

帰りの飛行機はクアラルンプールでトランジット。飛行機を待っている間、友人なんかとメールやらメッセンジャーやらで、帰国するよ〜、なんてやりとりをしていたら、その中の一人から「帰国断固阻止」と来た。成田で私の帰国を邪魔するデモ隊からのメッセージかと思ったが、違った。その友人は、科学史・科学哲学専攻の大学院出身で、数学・物理学のスペシャリストだ。そんな彼から、「北半球が終わる」「今からパリに帰れ」「せめて成田じゃなくて、関空にしろ」と悲鳴に近いメッセージがガンガン来る。

どうも彼の計算によれば、もしも福島第一原子力発電所が完全に爆発でもしようものなら、北半球は『北斗の拳』の世界になるといったものだった。彼の数学・物理学の知識は大変信頼していたので、正直、そこまで言われると、かなり怯えた。怖かった。計算式やら、地図やらが書かれたものも添付されてきたが、見たところで、あまりわからない。とにかく、やばいことはわかった。

慌てて関空行きに変えようとインフォメーションで交渉するが、帰るのが一日遅くなるとかで、それは嫌だなぁと思い、断念した。そもそもは成田に着いたら、東京の友人宅やら実家やらに滞在して、研究会にでも参加してから福岡に帰ろうとしていた。しかしながら、なんだか一刻を争う感じがして、成田まで行き、そこから即座にまずは関西に行くということに決めてみた。

クアラルンプールから成田へ行く飛行機には、当然のように、日本語話者以外誰も乗っていなかった。こんな状況で日本に行くなんて、どうかしてるぜ、という状態だ。だけれども、機内で隣に座っている団体は会社の慰安旅行か何かの帰りらしく、アロハシャツにサングラス、パナマ帽といったいでたちで、いやいや部長、東南アジアの女は最高っすね、と反吐がでるような会話をずっと繰り返していた。ああ、日本人って戦前も戦後もずっとバカなんだな、とこの時改めて思った。

＊

成田で降りて、高速バスで東京駅へ。

途中、高速バスからの眺めは忘れられない。左右が非対称なのだ。そう、計画停電というやつで、方や真っ暗、方やキラキラしていた。薄暮の中、太陽が落ちていく方向へと向かう高速バスは、北と南で見える景色がまったく異なっていたのだ。今にして思えば計画停電とはなんだったのだろうか。電力会社がクーデターでも起こそうとしたのだろうか。謎だ。この時のさまざまな謎は未だに何も解明されていない気がする。

そういえばこの頃に原子力緊急事態宣言が出されてから、この宣言は今に至るまで、解除されていないはずである。忘れかけているが、実は今もなお、戒厳令下なのだ。そして、この間の新型コロナウイルスでも、訳のわからない要請やらが天から降ってきた。ペストが流行し、収束した後に、封建制社会はぶっ壊れ、近代社会がきたように、もしかしたら、新型コロナウイルスがいつか収束したら、良い社会になるかもしれないし、悪い社会になるかもしれない。あるいは日本で時折スペインかぜと呼ばれている一九一八年から二〇年にかけて流行したインフルエンザは、第一次世界大戦のさなか、徴兵できる兵士がいなくなり、終戦を早めたとも言われている。

しかしながら、放射性物質はその半減期などを考えると、まだまだ収束なんてものは、来る日は遠いだろう。ぐったり。それにしても、一体全体、日本は、世界は、どうなってるんだ。

話の本筋に戻ろう。

東京駅からこれまた慌てて新幹線に乗った。パリで「日本終わっちゃったね!」という発言を聞いた身からすると、意外に、街が動いているのにびっくりした。こうなった時に、パりだったら、大混乱になっている気がする。大慌て。ここまで日本の人たちは奴隷のように飼い慣らされてしまったのかと落胆する。

よく日本でデモとかないのは、日本人はおとなしい国民性だから、とかいう発言を耳にすることがあるが、それは嘘である。大正時代やら、戦後もある時期まで大変ラディカルに民衆は暴れていたのである。そんなことの一端を『通天閣』（青土社）という浩瀚な書物で詳らかにしてくれている酒井隆史さんの住む大阪をまず目指す。新幹線に乗ったら乗ったで、車内の電光文字広告で流れる情報に、開いた口が塞がらなかった。「安全安心の電力供給は中部電力」。原子力発電所が爆発して、ひどいことになっている最中、浜岡原発を有する中部電力は安全安心を訴えていた。しかもこの文字だけがひたすら繰り返される。狂っている。

その他のニュースは一切流れることはない。新幹線がぶっ壊れているのかと思ったが、相も変わらず、世界最速レベルで、日本列島を駆け抜けていた。新幹線に乗りながら、中部電力の広告を数百回も見せつけられ、わかったことがあった。

そうか、日本は終わったのではなく、狂っていたのだ。

そんな風に考えを変えて、酒井さんの家に向かった。ここまで狂っているのだから、それを超えて狂わなければ、生きていけん、そう思うようになった。そう、つまり、今ある生き方、今ある体制によって可能になっている生き方とは別様の生き方を絶対にしなければならないのではないか。遅まきながら、そう考えるきっかけになったのは事実だ。

家探し

日本に帰ってきたものの、家が、ない。金も、ない。

ひとまずパートナーの実家に荷物をぶっ込み、そのまま居座らせていただくことにした。場所は、福岡市の郊外。私はほぼ無職。一応フランスの大学の研究員だったので、時折、パリに行って、研究発表したり、エリー・デューリングさんというお師匠さんとワイン飲んだり（もちろん研究の話もしまくったよ！）、資料集めに行ったりしていたが、そんな生活も二〇一一年の秋で任期はおしまい。この間、子どもを一人授かった。そんな宝子を授かった矢先に、日本の指導教員からは「お前の子どもなんか放射能で死ね」と言われた。大変辛い思いを抱えたりもした。これには文脈が一応は、ある。

以前、編者としてある本を編纂したのだが、そこに例の指導教員にも参加してもらっていた。出版時期が二〇一一年の六月だったのだが、その書籍の編集者からの要請で、書籍の都合上、一言で良いから何かしら「三・一一」のことを著者ごとに書いてもらおうとなった。

で、例の指導教員は「こんな時は昼寝でもしておれ」といったようなことを書いていた。これはもともと吉本隆明の言葉である。いろいろ社会運動とかやってても、疲れてしまうだけなんだから、休みなさいよといった意味である。しかしながら、この間に起きたことは、生死に関わることではなかったのか。現在でも六万人以上の人たちが家を追われ、震災直後の推計だと四七万人もの人々が避難した。自殺に追い込まれた人たちだって数多くいた。社会運動云々だけの問題ではない。昼寝している場合ではない。文字どおり、昼寝くらいはするが、精神的に、それどころではないのだ。

そこで生意気にも、例の指導教員に、プルトニウムの半減期である二万四千年くらい寝ておれ、と私は伝えた。それに彼は気を悪くしたようだ。私に会うなり、いろんな言葉をまくし立ててきたのである。その言葉の中に「お前の子どももなんか放射能で死ね」というものがあり、私は怒りや悲しみやら、えも言われぬ思いがこみ上げた。未だにこの時のことを思い出すだけで、とても苦しくて、胸がなんだか詰まる。大学のハラスメント委員会的なところに相談に乗ってもらおうとしたが、そのハラスメント委員会的なところの相談員の名前に、指導教員の名があった。

ああ、もうダメだ。行ってもムダ。泣き寝入り。実はこの時の経験があったが故に、というわけでもないが、最近、ある若い友人のセクハラ被害の相談に乗っている。その友人は闘っている。本当、抱えた傷は、でかい。許せない。

もう、いろいろ嫌になってしまい、好き勝手に生きようと決めたのもこのころだ。金も家もないなりに、好きなことを書いて、好きなように暮らしていく。世界はここまで狂っているのだから、それよりも自分が狂わなければ、生きていけんのだ。

そうこうしていると、二人目の子どもをも授かってしまった。パートナーの父親が、何も言わず、私たちを受け入れてくれた。その間、博士論文も書かないといけない状況であった。ちょこちょこ大学の非常勤講師なるものをさせてくれた方もいた。

とはいえ、それも週数コマ。到底自活できる環境にはない。週何日かは、日雇いで造園業をしていた。造園と言っても、京都のお寺を造成するとかそんなシャレオツで職人的でクリエーティブでイノベーティブでエコでエシカルでロハスなものではさらさらない。公園の草刈り、団地の草刈り、国道や県道の草刈りだ。要は草刈りだ。全身毛虫に刺され、蜂に刺される。毎回のようにそんな状態だと、慣れてくる。同僚もいい人たちばかりではある。

が、しかし、昼休みにする会話といえば、ひたすらヘイトスピーチやらを聞かされる日々。森先生（そう呼ばれていた）は、〇〇人が攻めてきたら、どうしますか、とかそんなことを素朴に聞いてくる。イラッとはするし、若かったら、その同僚の顔面に蹴りでも入れて、再起不能にするところであるが、こちらも、もはや、ひたすら疲弊した大人である。〇〇人が攻めてきたとて、私は、おそらく何もしない。襲ってきたら、そりゃ逃げるか、再起不能にするか、それは〇〇人だろうが、日本人だろうが、あんただろうが、襲ってきたら、そうするよ。それ以前に、そんな妄想してる暇あったら、さっさと昼飯食いなよ。そんな会話が繰り広げられる毎日である。とはいえ、こんなやりとりも嫌いではない。

こんな窮状（?）を見かねてか、いろんな編集者が声をかけてきてくれた。

翻訳やら、原稿やら、テープ起こしやら、校正やら、何気なく仕事をふってきてくれた。なんだかその何気なさが、とても嬉しかった。そうこうしているうちに大学の非常勤講師の仕事も増えてきた。なんか、もしかして、なんとかなっちゃうんじゃないか、そう思うようになった。根拠はない。根拠はないが、なんとかなる。

こうなったら、好きな仕事だけやっていければいいや、と思うようにもなってきた。どうせ、いつ死ぬかわかりゃんせん。パートナーはパートナーで、好きなことしかせん、という人である。ヒモになりたいとか、パートナーが安定した職業だったらよかったのに、なんて思わなかったわけではないが、お互い好きなことやりつつ、過ごせるだけで、まぁ、良い。この頃のテーマソングは、DJ TY-KOH & YOUNG HASTLE「バイトしない」(feat. KOWICHI)だった。聞いてみてくれ。

なんだか気持ちが乗ってきた。

これはもう、好きな場所に住むしかないんじゃないか、そう思った。いつまでもパートナーのオトンのヒモをしとるわけにもいかん気もした。あと、なんだかんだ、パートナーの実家だ。家で好き勝手はできない。私はおフランス帰りで、中東料理が好きだ。スパイシーで辛いものが好きだ。しかしパートナーのオトンは添加物たっぷりの九州の甘ったるい醤油と、白砂糖をドバドバかけて煮付けた料理が好きだ。最初は物珍しく、うまい、うまい、なんていいながら食べていたが、まぁ飽きる。ガメ煮(筑前煮とも言う)的な味の料理が一年中出るのだ。ちょっと勘弁。辛いもんが食べたい。あとは義理の姉も住んでいたので、パートナーと私が相性が良くとも、私と彼女の相性が良いわけではない。これはどこの家でもあるあるだと思う。これらの思いが閾値を超えたのか、お金のあては何もなかったが、子ども二人とパートナーと私、家を出ることにした。

*

とはいえ、金は、ない。

不動産屋を通して借りようものなら、敷金だの礼金だの仲介手数料だの取られてしまう。不動産屋を通さずに借りるしか、ない。場所はぼんやりと決まっていた。福岡市の隣町だ。冒頭にも述べたように、田舎ではあるが、交通の便は大変良い。実はその他にも理由があった。子どもが通っている保育園がその地域にあったのだ。その保育園、さすがの立地で、園舎自体は広くはないものの、夏はその近くにある川がプール代わり、周辺の田んぼやら畑やら広場やら神社やらで、子どもがのびのびと遊んでいる。なんだか、とてもいい保育園だ。園長も肝っ玉ばあちゃんだ。

この保育園を通じてこの地域に住んでいるパパ友やらママ友もできた。木工職人やってるパパ友、自然食のレストランやっているママ友、天然酵母のパン屋やってるママ友などなどだ。早速家探しである。当然のようにこの地域には不動産屋は入っていない。元々荘園か何かの土地だったらしく、大変保守的な場所なのだ。不動産屋すら入れない、オソロシー地域。

時間ばかりがある私たちは、子どもを保育園に預けるや否や、この辺を散歩し、この辺を歩いている人たちに空き家はないか尋ねて歩き回る。友人にも聞き回って、空き家情報を収集してもらう。そうすること数か月。ゆるゆると情報が集まりはじめ、いくつか当たってみることにした。

まず一軒目である。空き家はあるが、持ち主とは連絡がつかないらしく、保留。積水ハウスの立派な一戸建てだ。庭は、もう誰も住んでいないので荒れ放題であるが、かつてはそこに住んでいた奥様がバラ園に仕立て上げていたようで、その残滓は見て取れる。畜生、残念。その積水ハウスの近所を歩いていたら、おじさんがふらふら歩いていた。すかさず話しかける。こんな感じだ。

今は福岡の市内に住んでいるのだが、この地域で住める空き家を探している。子どもが実はこの地域の保育園に通っていて、来年小学校なので、この地域の小学校に行かせたい。ここで子育てしたい。あ、いや決して怪しい者ではございやせん。一応、非常勤ではあるが、大学で教師をしており云々……

誰々さんなら本家が空いているはずだから聞いてみたら、ということで誰々さんの家を教えてもらって、突撃！隣の晩ごはん、ならぬ、空き家探し。その誰々さんの自宅をピンポンし、出るやいなや、先の文言を並べ立てる。なんと、本家が空いているから親戚周辺に聞いてみてやろう、とのこと。ちなみに、積水ハウスの家も親戚だという。さすが、田舎ネットワーク。親戚で占められているのである。連絡先を交換して、後日結果を聞くことに。

また別の日には、天然酵母のパン屋やっている友人が教えてくれた二軒の空き家の持ち主の家にそれぞれ突撃。一軒目はすでに親戚が戻ってくるとかで貸せないとのことだった。二軒目のほうの持ち主は、なんとこの地域でもなんだか昔からあるお偉い旧家だった。東亜同文書院大学をご存じだろうか。ざっといえば、日本の植民地政策によってできた上海にあった学校だ（もちろん、経緯はいろいろあるので、これだけではない）。それを作ったうちの一人がこの旧家のひいじいちゃんだったのだ。

東亜会と同文会という二つの流れがあって、それぞれに右翼や左翼が入り乱れ、右翼団体玄洋社の頭山満《とうやまみつる》や、孫文やら宮崎滔天なんかが関わっていたそうで、この当時の面白いところは政治的に対立しながらも、志が合えば、一緒に学校まで作っちゃったりするところである。

で、ここの地域の中心には神社があるのだが、その神社の本殿の一番目立つところに、デーンと頭山満の書が鎮座しております。鎮座ドープネス。そのつながりだったのか、ここのひいじいちゃんも玄洋社界隈に出入りしていたようで、学校まで作ってしまったってわけ。

ちなみに、この地域の神社の説明書きによれば、黒田藩の時代から九州のお伊勢さまだとかで張り切って、毎年講を組んで、参拝していたそうで、それに便乗して頭山も明治期以降に、参拝しまくっていたらしい。そんな頭山がよく来ていた神社だけあって、その説明書きには「革命」なんて文字があったりする。ちなみに頭山が書いた言葉は「雲従龍」である。誰に聞いても、意味は教えてくれない。というか知らないようだ。残念。ことわざ辞典みたいなものを引っ張りだしてみると「聖人の出現は、そこに賢者を生み、賢者のいるところにはよき臣下が育つたとえ」だそうだ。

ならば私がこの地域ですくすく育って、賢者にでもなっちゃろうかねと意気込んでみる。ますます家探しに燃える。で、そのもう一軒であるが、床は抜けまくり、雨漏りはする、なかなかすごい状態だ。なおかつ、ここのひいじいちゃんのひ孫、欲が出たのか、この家、借りてくれるなら、リフォームして、家賃一〇万円くらいで貸しちゃるよ、とのたまう始末。一〇万円も出せません、ということで、丁重にお断り申し上げました。

*

さて、なかなか家が見つからない。

そうこうしていると積水ハウスの親戚さんから電話がかかってきた。詳細を教えてくれたのだ。どうも親戚が七名いるらしいのだが、その全員に掛け合ってくれたようだ。なんだ、民主主義か。知ってる、それ。

まず空き家になっている本家のほうから。六名は、片付けてくれるなら、住んでもええよ、と言ってくれたそうだ。ただ残りの一名は、現在認知症で、意思確認がとりたくてもとれないようで、こればかりは仕方がない、ごめんよ、とのことだった。もう一軒の積水ハウスのほうの空き家はどうかというと、そちらの持ち主がまさにその認知症の方だそうで、親戚も、積水ハウスをどうして良いかわからないそうだ。うーん、残念。またいろいろ状況が変わったらご連絡いただけると幸甚です、と言って、電話を切った。

万事休す。気づけば、家を探し始めて数週間。しかし、私とパートナーは暇である。めげずに、この地域へと子どもを保育園に送り迎えがてら、しつこく練り歩く。

またある物件の情報が舞い込んだ。今度はいわゆる事故物件である。その空き家の外観は素晴らしい。平屋で、間取りも、おそらく四部屋くらいありそうな広さ。なかなか良さげ。私は唯物論者なので、事故物件など気にしない。幽霊は信じるけどどね。ぎゃー。いや唯物論者だからこそ、そこに宿る魂の存在を語りうるのではないか、そんなことをパートナーにブツブツ言っていたら、とっとと、その事故物件の持ち主に聞いてみようや、と諭される。

持ち主はもちろん同じ集落にいるので、さっそく、探し当てて、ピンポン。先の文言を挨拶代わりに伝えると、出てくるどころか、ドアを開けずに、玄関越しで会話するといった状態。顔は見えない。なので、様子はよくはわからないのであるが、おそらく、怒っていらっしゃるような雰囲気だった。ため息が聞こえる。高齢のおばあちゃんのようだ。しまいには「うちにはそげん家などありゃんせん」と啖呵を切られてしまった。「おまえに食わせるタンメンはねぇ」くらいの勢いで、会話は終了。どうも、センシティブなところに触れてしまったのかもしれない。ごめんなさい。

もうそろそろ、この地域に住むのは無理なのかもね、と諦めかけていた。また例によって、子どもを保育園まで送ったのちに、空き家はありませんか〜と、この地域をふらついていた。たまたま空き家らしき家の前を通りかかった時に、おじいちゃんが道の向こうから歩いてきた。あのおじいちゃんに、ここは空き家かどうか、聞いてみるしかない。すみません、空き家を探しているんですが……おもむろに、ここ空いとるばい、と指差す。おお、やった。ちなみにここの家の持ち主さんはどちらにいらっしゃるでしょうか……ギャンして、ギャンして、ギャンして、行けば、着くばい。ありがとうございます！　ということで、家主宅を教えてもらい、早速向かう。ピンポンして、もうすでに流暢に言えるようになった、例の文言。

持ち主曰く、あの家は確かに空き家であるが、荷物も多いし、人に貸せる状態ではない、家も古いし、もうどうして良いかわからない云々。私曰く、荷物も片付けます、古くても構いません、どうか、人助けだと思って……連絡先だけ交換した。まぁ、だいたいこういうのは、直接会った時に、いいよ、とならなければ、なかなか難しいよね、なんてパートナーと話しつつ、その場を離れた。

帰りぎわ、パートナーと、もう諦めるかね、なんて話していたら、なんと、着信が。持ち主からである。旦那と話し合ったのだが、一緒に片付けてくれるなら、検討してやってもいい、とのことだった。うっしゃ。片付けます、一緒にやりましょう。やった。

こうして家が見つかった。

家づくり

しかし片付ける荷物の量もハンパない。

これは、業者を呼んで捨てるしかない。しかしあちらさまにとっては実家で、思い出がたくさんあり、捨てるのも、なんだか躊躇したりしている。ここでまずは、あらゆる荷物を二部屋くらいに集めることにした。そうすると出るわ出るわ、ゴミの山、あ、いや、思い出の品々。そしてだいたいカビが生えまくっている。これを取捨選択してください、と持ち主に伝えると、カビ生えまくってるから、もう要らん、捨てましょう、と即決。すぐに業者を呼び、ガンガン処理させていただいた。

荷物がほとんどなくなったものの、捨てるとなんだか高いものとかあるじゃないですか。冷蔵庫とか、でっかい家具とか、リサイクルなんとか料みたいなものが取られるやつです。そういうのは、もう面倒臭いので、空いている、奥の部屋に突っ込む。これが冒頭にお伝えしていた、謎の収納部屋となったのである。

この家の中に、日当たりの良い部屋があり、そこにはベッドが置いてあった。ベッドをどかし、収納部屋に突っ込み、カーペットを剥ぐと、フローリングかと思いきや、おっと、底が見える。フローリングがカビで腐り、底が抜けていたのだ。かろうじて、カーペットでなんとか隠れていたというか、支えられていたという微妙な状態。困った。他にも、壁がいわゆる繊維壁というやつで、ちょっと暗いし、どこにカビが生えておるのかわからない。風呂も、給湯器が壊れている。なかなか住める状態ではない

この地域のすごいところは、周囲が皆、基礎作りだったり、エクステリア、インテリアができてしまう人たちだらけだったこと。まず、先に述べた木工職人やっているパパ友は、元大工でもある。木工職人やっているくらいなので、武器、というか道具がたくさんある。結構本格的な電鋸も、タッカー(空気銃のようなもので、バスッという音を立てて、ステープル──針というかホチキスというかみたいなもの──を放つ。もはや武器である)もある。協力を要請したら、すぐに来てくれて、材木を買うのも手取り足取り教えてくれて、バスッ、バスッと一日で床の修繕終了。この日当たりの良い部屋がものすごく綺麗になったので、ここは子ども部屋に。唯一クーラーのある部屋だ。

壁も、自然食レストランやっているママ友が、実は元インテリア職人でもあって、そのレストランも、水道管から、シンクの据付から、壁の漆喰塗りまで自分でやっているのである。で、壁が汚いわね、なんて言いながら、バケツと漆喰と攪拌機と左官道具を取り出してきて、漆喰をネリネリし始め、壁を塗り始めたのだ。広いので、相当あるのだが、なんせ経験者。二、三日あれば、できちゃうよなんて言って、毎日レストランが終わるたびに、来てくれて

一緒に作業してくれた。天井など高いところは私がやっつけて、レストランのお客さんまで漆喰を塗るのを手伝ってくれた。

天然酵母のパン屋やっているママ友は余っている漆喰を大量にくれたり、あっという間に、白い漆喰の壁ができ上がり。白亜の内装。あとは給湯器。これも自然食レストランのママ友の旦那、つまりパパ友が水道管の付け替えやらをしてくれて、あっという間に、快適な給湯器もついて、シャワーも風呂も入れる状態になった。

あとはひたすら掃除。高圧洗浄機を借りたり、なんだりしながら、ボロ屋が綺麗な家に変わっていった。そう、気づけば、住める状態になっていたのだ。

これは、もしかして、コミューンか。

あるフランスのアナキスト集団がいるのだが、それに参加している人がこう言っていた。**コミューンとは、人と人との繋がり**なんだ、と。住める家、つまりコミューンの拠点ができてしまった。それが二〇一六年の一〇月末のことであった。

おわりに

拠点ができたからには、革命のためのオソロシー陰謀をひとまず練り上げなければならない。本書では、今回の家探しに始まって、我が家に来る有象無象（人間、虫、その他野生動物）、あるいはこのコミューンでの生活、はたまた旅先でのいろいろなことを述べていくことで、同時代に生きる三五歳児（当時）の生活を開陳してしまおうという試みだ。

　三五歳児の、いわゆる高学歴ワーキングプアの生活がどんなもんか、もっと言えば革命を夢見る同時代のアナキストがどんな生活を送っているか、覗き見してみたくないですか。はい、ないですか、すみません。でも容赦なく次章に続きますよ。爆弾を落としてやるけんね。

第2章

農作業

食料を確保する

はじめに

いくら小難しいこと言っていても、生活できないと、大変だ。生活なくして議論など、不可能だ。もっと言えば、議論なんて、私は大嫌いだ。おしゃべりくらいがちょうどいい。そんな生活の過程の中で、おしゃべりしながら、コミューンの友人たちと登山したり、温泉に行ったり、子どもと公園で遊んだりなんて日々もあったのであるが、そんな中には畑作業の日々があった。

近所で畑をしている大《だい》さんというおじいちゃんがいたのであるが、その大さんの畑を手伝う日もあった。若い衆が数人で手伝うと早かねぇ、なんて言いながら、次々に野菜を収穫したり、イチゴの準備でマルチを張ったりした。収穫した野菜の多くをもらったりして、私たちは即座に料理。フレッシュな野菜で晩飯を作る日々。

そう、畑について今回は書いてしまおうかね、なんて思っている。当初（二〇一六年秋頃）は、まだ畑を借りていなかったのであるが、後（二〇一八年頃）に友人たちと畑を借りていろいろと育てることになった。実は、以前も家庭菜園程度ではあったが、畑はしていた。パートナーの実家の庭を掘り起こして、畑を勝手に作って、作物を育てていたのだ。育てるのが簡単なキュウリ、トマト、オクラなどの夏野菜やら、芋（安納芋なんかも育てたことがある、糖度が高くて、天然のスイートポテトだ）、ネギや玉ネギ、にんにく、あとは葉物（ルッコラやら白菜、キャベツ、大根などなど）まで。夏野菜は大きくない敷地でも誰でもできるし、夏期限定で（野菜のみ）ほぼ自給自足できてしまう。もっと大きい規模でやれれば、冬もいろいろいけるんじゃないかと思っていたのだが、敷地には限度がある。うーむ、食料なくして生活などはできない。

今住んでいる地域に越したのは、畑がそこら中にあるので、もう少し大きい規模で農作業ができたらいいなと目論んでのことでもある。自給自足とまではいかなくとも、もう少し食料自給率を上げることができればと考えてのことであった。

コミューンに住む友人たちと、借りることができる畑はないかねぇ、なんて、地元をウロしながら、近所の人たちに聞きまくっていたら、借りてもいい畑が、家探しとは異なり、楽勝で見つかった。しかもただで貸してくれる畑を見つけてしまったのだ。なんせ、立地が素晴らしい。一緒に借りることになった友人の家の前なのだ。

私たちが今住んでいる家は、敷地も建物も、やたら広いものの、残念ながら、土がない。一応隣の敷地には土や草地はあるのだが、その敷地、実はコミューンの納骨堂であり、地域の人たちで綺麗に草刈りし、管理している場所である。ちょっとしたキャッチボールくらいはできる広場のような状態にはなっているのだが、さすがに納骨堂の庭を勝手に耕すわけにはいかなそうだ。代わりに、というわけではないが、子どもたちは公園として遊ぶ場所にしている。近所の子どもたちも、よく集まっては何やら密談したり、キャッチボールしたり、虫取りをしたり、かくれんぼしたり。私の同居人である子どもたちも、そこでワイワイ遊んでいる。自宅の庭代わりにしている場所だ。

そんなこんなであるが、ひとまず、友人宅前の畑を一緒に借りることになった。なぜか、農作業経験者が私だけ（しかも家庭菜園程度）という、とても心もとない状態ではじめることになった。指導する立場になりつつ、いろいろ模索した。社会主義政権の農業指導者の気分で、ここをコルホーズにでもしてしまおうと一瞬意気込んでみたものの、私の指導なんて高田純次ばりに適当。当然のように、皆、私の言うことなど聞かないし、皆がやりたいように、勝手に耕していった。ほらね、言わんこっちゃない、なんて会話が繰り広げられたり、あれれ、勝手にやってたのに、うまくいっちゃったね、なんて会話もありつつ。まぁ要するに、あーでもない、こーでもないと言いながら、適当に畑と戯れているのが今の状態だ。そう、とても楽しいのである。

おら、農作業なんて嫌だ

初めて畑で作業をしたのはいつだっただろうか。

東京の西の郊外に生まれ育ち、土なんて、ほとんど触った記憶などない私が、初めて畑や田んぼで作業したのは、おそらく学部生の時だった。大学のゼミなるものに入った際に、年に数回、農作業をすることになった。

思想系のゼミだったはずなのだが、なぜだか、ゼミで毎年夏に開催される合宿は山形の出羽三山で修験。滝に打たれて、般若心経と不動明王の真言を唱え、白装束を着て山をひたすら練り歩く。時に長野の縄文遺跡やお寺に赴き合宿。縄文土器は、蛇やら蛙やらぬるぬるしてそうな動物でデザインされているのね、なんて具合にみんなでおしゃべりしながら二千年以上前の世界に思いをはせたり、長野のあるお寺では、トランス状態に陥るほどの護摩焚きを拝見しながら、般若心経を唱える。なんだこれ、ハウス・ミュージックか、あるいは屋内レイブ・パーティーかと思うほどの、トライバルで、スピリチュアルで、ハーコーな空間ではないですか。こんな諸々に加えて、年に数回は高尾の山奥で田んぼと畑の世話もしてしまう。謎過ぎるゼミだった。ゼミの先生は、中沢新一氏。聞いたことがある人もいるかもしれない、あの氏だ。

もちろん、ゼミではミルチャ・エリアーデという宗教学者の本を精読したりもするのだが、それ以上に、体を動かすのが、このゼミの特徴だった。私たちの多くは東京出身者で、便利な環境で生活していた人たちが多い。電車なんて数分待っていれば来るし、買い物も他の地方と比べると楽にできる環境。しかし、人間は便利で合理的な生活だけで生きているわけではない。人間そのものが、合理的な側面もさることながら、非合理的な側面をも併せ持って生きている存在だ。いつだって元気なわけではない。いつだって時間通りに生活しているわけではない。風邪だってひけば、寝坊だってする。そう、体を動かすということは、自分という人間の合理的な側面のみならず、非合理的な側面を知ることなのだ。

まぁ、そんなこんなについての教育的配慮が氏にあったのか、なかったのか、いまだによくはわからないが、氏は私たちをよく大学の外側の世界に連れて行ってくれた。それも、私たちの多くが経験しないような世界へと。大学の教師としては、なかなかすごいと思う。今私も、教壇で教える立場に一応いるのであるが、ともすれば、大学の知なんて、ただの頭でっかちを育成するだけだったりする。哲学なんてやっていると、その思いをものすごく痛感する。そう、体の動きが足りないのだ。ゆくゆくは、私も学生を連れて、畑作業でも一緒にやりたいな、なんて思う。

今となってはここまで述べてきたように思えるようになったのだが、学生時代、こんなこと微塵も思っていなかったし、私は大変生意気だった。デリダの『声と現象』も読まずして哲学など語るなかれ、そんな学生だった。もちろん、今となっては、この方が意味不明な気がしている。とはいえ、もちろんデリダはすごいんですけれどもね。

阿部薫という伝説的なサックス・プレイヤーがいたのだが、彼を題材にした映画がある。

『エンドレス・ワルツ』という映画だ。若松孝二監督で、阿部薫を演じるのは町田康。で、その映画の中で、阿部薫がライブハウスの客に、デリダの『声と現象』を生意気な態度で読むように勧めるシーンがある。そんな姿に憧れていたので、私も例に漏れず（?）、同じようなことをのたまっておりました。嫌な学生。

＊

ゼミでの畑の話に戻ろう。

高尾の山奥の方で、中沢氏や、彼と仲の良い編集者なんかが一緒に畑を借りてくれていた。大学がある同じ八王子市内ではあるが、大学からも一時間くらいかかる山奥だ。近くに沢が流れ、山奥ながらも日当たりが良く、とても素敵な場所だ。

とはいえ、私は哲学や宗教学の勉強がしたいだけ。座って、ひたすら本を読んで、議論して、あーでもない、こーでもない、と思想を深めたいだけなのに、畑なんて、何の得になるのかしら、ああ嫌だわ、なんて内心思っていた。だって泥だらけになりますでしょ、あたくしのお洒落なお洋服も台無しだわ、パンがなければパフェを食べればいいじゃない、おほほ。最後は田んぼで取れた米粒をネリネリして餅つき大会が実施されるのだが、臼と杵は女性性と男性性の象徴なのね、ぺったんぺったん、ああ、何て卑猥な作業なの、汚らわしい、セクハラだわ。それに加え、中沢氏はなんだかんだ、売れっ子なので、いつでも編集者の大人たちが周辺にいて、いろいろ会話できる感じでもない。大人って嫌だなぁ、なんて思っていた

（編集者さんゴメンなさい！）。

で、修験の時も、最初は嫌で嫌で仕方がなかった。ゼミ一年目の夏合宿が先ほど述べた出羽三山での修験だったのだが、なんでこんなことやらねばならんのかさっぱりわからなかった。タバコも吸いたいし、一汁三菜でご飯も少ない。それだけではない。基本的には修験の間は、喋っちゃダメ。ストレスフルである。

ゼミの仲間で、今は西田幾多郎などの日本哲学を研究している太田裕信という友人と、夜中にコソコソ隠れて、愚痴をこぼしあっていた。まじやってらんねぇよ、まじ興味ねぇし、ダリィし、俺童貞じゃねぇし（ちょっと古いか……はんにゃの金田……）。そんなところへ、これまたゼミの仲間で、今はパナマとかを対象にして文化人類学を研究している近藤宏という友人がやってきて、もう愚痴とかやめようよ、修験終わったらみんなで話そうよ、なんて言い出すので、いい人ぶってんじゃねぇよ、バカ、とかそんな会話をコソコソ繰り広げていた。

そんなこんなで修験が終わった日に、みんなお疲れ様、なんて言いながら、先達（修験の先生のこと。星野さんといって、『感じるままに生きなさい』（さくら舎）という怪しい本を出している方。良い本です）のご自宅で、直会《なおらい》と呼ばれる御馳走大会。やっと終わった。やっとしゃべれる。やっとタバコが吸える。やっと酒が飲める。そんな解放感に浸っていた時だった。

中沢氏が、ちょっと、元斎（げんさいと呼ばれていたし、多くの人たちは私のことをこう呼ぶ）と太田、こっち来い、とおっしゃった。良い感じに酔っ払っていたので、ヘラヘラしながら、二人して氏のところに行くと、彼はちょっと怖い顔になった。そしてこう言った。お前らが、愚痴を言っていたのを、俺は聞いていた、お前らの精神を叩き直さにゃならん、東京帰ったら、しごき直してやる、心して待っておれ……

ぎゃー！　やばい。や、やっちまった……そう、コソコソ愚痴をこぼしていたつもりが、すべて聞かれていたのだ……滅多に怒ったりしない氏だったので、これは、大変恐ろしかった。あれって、怒っていますよね、やばいですよね、ああ、終わった。酔いも一気に覚め、ガクブル状態でその後の直会は楽しめず、終始緊張しておった。ああ、東京に帰りたくない……

そんなこんなで、東京帰ってから、ゼミのたびに私たちは、フルボッコにされた。中沢氏、本気だ。しかも当然だが、彼は頭がいいので、まったく歯が立たない。ああ……もう凹んでばかり。しかし、なんとか、挽回したいという思いで、毎回フルボッコにされながらも、ゼミの発表に立ち向かっていった。次第に、氏からもちょっとお褒めの言葉をいただいたりするようになった。

この時まで、私は頭でっかちだったのだ。

哲学やら思想なんて、本読んでりゃよかろうもん、と思っていたのだが、もちろん読んでいるに越したことはないのだが、それだけ、ではないことを知った。実際の生活の中に知恵と呼ぶことができるものが潜み、実際の行為の中に思想と呼ぶことができるものが潜んでいたのだ。その頃から、小難しい哲学書を読んでも、理解の仕方が変わってきた。何を背景としているのか、何を前提としているのかはもちろんのこと、何が自分の思考や行為にとって素養となるのか、そういったことを考えるようになってきた。

そうこうしているうちに、次の年の農作業や修験は、楽しめるようになっていた。そう、先に述べたように、体を動かすことって、本当重要なのね、ということがわかってきたからだった。

稲を刈り取る作業の知恵、束ねる知恵、稲にしがみついているカマキリの知恵、私たちの体に入る食料がどこから来ているのか、どのように体が処理しているのか、うんこが出てきて、それがどう処理されるのか、だんだん世界が繋がっていく感覚にもなった。

修験もそうだ。修験は擬死再生と言って、白装束を着ることによっていったん現世での生とはおさらばする。白は死の象徴だ。山も死の象徴だ。だから、山の中を抖擻《とそう》といって、ひたすら練り歩く。山で遊ぶ感覚に近い。最後、修験が終わるときには、オギャーっと言って生まれ変わる。赤ちゃんになり、また一からやり直すことができる。リフレッシュだ。

世界の感覚や、生と死の感覚を培うのに、農作業と修験は、とてもいい。これは本を読むだけでは得られない、「思想」なのだ。そう、おら、農作業なんて、嫌だ、という状態から脱したのだ。

土壌を変える

畑で作物を育てるのは、子育てに似ている気がする。それなりに忍耐強く接していると、それなりに育つ。子どもに、なぜ食べているときに頻繁に立ったり座ったりしてはいけないかを伝えることはなかなか難しい。もちろんマナー上の問題もあるだろうが、それだけではない。

子どもは食事中に米粒やら、味噌汁やらをよくこぼす。ただ座って食事をしているだけのはずなのに、子どもの服の上に米粒やらがこびりついている。頻繁に立ったり座ったりすると、そのこびりついているはずの米粒やらが床に落ちる。立った刹那、米粒を踏み潰して、床がべとべとになる。足の裏に着いた米粒が至るところに拡散していく。それを踏んだりしようものなら、私の足の裏は、ベタつき、気持ちはげんなりだ。

そうならないように、食べ終わるまできちんと所定の位置に座って食べてもらいたい。こぼすのは仕方がないので、子どもが食べ終わる時に、米粒やらを取り去ってやって、ほら行ってよし、としたい。せめてこの流れが終了するまで待たないと、私の足の裏に米粒がねたくりつけられた状態になってしまうのだ。こちらも逐一食事中に、米粒取ってやって、飯を食って、また戻ってきて、取ってやって……なんてしたくない。面倒なのだ。落ち着いてご飯も食べることができないではないか。

なので、食べ続けられるように、ご飯の食材をそれぞれ擬人化したりしながら（誤魔化しながらとも言うかもしれない）、食べてもらう。子どもと戯れることが重要なのだ。あちらがようやく食べ終わる頃には、こちらはヘトヘトである。が、そのヘトヘト以上に、いちいち米粒取り去ってやったり、床を拭いたりするよりは断然マシなのだ。要は、自分のためでもあるのだ。

＊

で、畑である。

水はけが悪ければ、水の流れる道を、エッサホイサとシャベルで作ってやらなければならない。作物によっては、さして水が必要のないものだってあるからだ。あるいは土をふかふかにするために、鶏糞やら牛糞やらもやらないといけない。最近は、自然農法に移行しつつあるので、肥料も緑肥だけだが、いずれにせよ、土の面倒から見てやらないと、育つもんも育たない。要は、自分が楽をしたいがために、ちょっとした工夫がいつでも必要だということで、子育てと畑作業は似ていると思っている節がある。

そう、農作業にとって、**土と戯れること**が重要なのだ。

土の面倒をみるだけで、作物の収穫量も大きく変わる。もちろん天候にも左右されるが、さすがに天候までは動かせない。その一方で天候を見ながら、土の状態を変えたりすることはできる。いかに人新世の時代になろうとも、なんとか私たちは土と戯れることができれば生きていける。そう信じている。

それはそうと土だ。自然農法になると不耕起で、ほぼ何もしないと思われがちだが、土に対して、若干の働きかけはする。徹底した自然農法の人たちは、もはや、食物の自由に身を委ねるが、まだそこまで私は振り切れてはいないので、できる範囲で、肥料をあげたりしている。とはいえ、牛糞や鶏糞は、今はもうあげていないし、コンポストもしていない。牛糞や鶏糞も、欲しければ、この頃住んでいた地域では貰いたい放題で、この点においてもとても便利だった。

コンポストとは、家庭の生ごみを肥料にするやり方だ。バケツや土の中に生ごみを入れて、糠とかで腐葉土に分解していき、それを撒くことで土がふかふかになる。そのプロセスを見るのは楽しいが、冬に生ごみを外に持って行ったりするのが寒くて、やめてしまった。私はヘタレである。とはいえ、パートナーの実家でお世話になっていた頃、数年間、コンポストで土づくりを実践していた。家庭用生ごみはほとんど、コンポスト行きだったので、ごみが減り、ごみ袋も買う頻度が減った。環境に優しいのである。

で、もっと簡単な肥料としては、緑肥だ。

要は、畑に生えた雑草を生やしたまま、土をふかふかにしたり、それが生育したら、草刈りして、それを畑にばらまく。緑肥で面白いのはクローバーだ。まず、クローバーの種を畑中に蒔きまくる。しばらくするとニョキニョキ生えてくる。四葉のクローバーを子どもと探したりして遊びにも使える。一度蒔くと、六年くらい繁殖し続けるので、経済的でもある。ぶちぶち千切って、その辺に肥料としてまいてもいいし、そのまま生やしていても、土をふかふかにしてくれる。根っこが短いので、数センチくらいしかふかふかにならないけれども、それでもふかふか具合を維持するのに、クローバーはうってつけだ。

あとは、やはり田舎なので、草刈りはそこそこやらないと、緑の増殖力はハンパなく、刈っては、畑にばらまく、なんてことをしていた。以前造園業で草刈りバイトをしていたので、この点に関しては得意分野だ。

そうこうしているうちに、ニョキニョキ、野菜が成長していく。なんとかなるもんだ。もちろん、ホームセンターとかで売っている肥料は使っていないので、大きさはまちまちだったりするが、まぁある程度自給できればいいし、売りさばくわけでもないので、形やらはどうでもいい。

で、食べてみるとどうかといえば、うますぎる！

なぜなら、自分で育てた野菜だから。子どもに自転車の乗り方を教えて、子どもが上手に乗れるようになったら、子どもはもちろんだが、自分を褒めてしまう感じだ。俺、すごい。料理もそうだろう。よほどでなければ、自分で作る料理は、なんだかんだ、うまいのと一緒。

他の人がどうこう言おうが気にしない。まず農作業が楽しいのだし、それに加えて、食料が獲得できるのだから、もう、文句ない。

たくさん収穫できたら、友人やお隣さんにおすそ分け。自分たちももらったりするので、たとえばタマネギなんて、一生かかっても食べきれない量が家にあったりする。こういう時はガンガンタマネギスープ作ったりするので風邪知らずだ。健康にも良すぎる。そう、頭でっかちにもなりすぎないし、適度に汗をかいてえんやこらできるのが農作業なのだ。何よりもまず、楽しい。

もちろん、いいことばかりじゃない

私たちがただで借りている畑の横にかわいい石造りの納屋がある。普通日本の納屋は木造であることが多いのだが、なぜか石造り。ヨーロッパみたいで素敵だ。そのかわいい納屋を眺めながら私たちは農作業したり、四葉のクローバーを探したりしているのであるが、ある時、真っ黒なレクサスが石造りの納屋付近に停まって、ピシッとした格好の連中がニヤニヤ納屋を舐めるように見ていた。どうも、この付近の土地を買い取って、ヒップな山奥懐石料理だかイタリアンだかを開きたいという悪の計画が持ち上がっているようだった。

私たちの畑は無料で借りているが、そこをカネで買われるとかなったら、大家さんの心も揺らぎかねない。謎のアナキストが半ば自然農法とかやっているよりも、おしゃれなレストランで、しかも土地を高額で買い取ってくれるとか、田舎のじーさんたちからしたら狂喜乱舞しかねない事態でもある。まだ計画でしかないのであるが、私たちの畑がなくなりかねない。貧乏人は追い出され、カネ持ちがやってくる。これ、ジェントリフィケーションである。

都市部では、やれオリンピックだの何だので、しゃらくさい建物を建てるために、そこに住んでいた人たちを追い出し、土地の価格を上げて、私たち貧乏人が住めなくなる事態がよくある。このことを浄化（クレンジング）と言ったりするのだが、この里山地域でもそれがじわじわと迫ってきているのだ。

すでに茅乃舎というアゴ出汁で有名な会社のレストランが私たちの畑から一〇〇メートルくらいのところにあり、ちょっと嫌だな、とか思っているのも事実である。百歩譲って、地元企業だし、地元の私たちとも上手くやってくれているので、まぁ、いい。ぶっちゃけ、そんなに好きではないけど。それはともかく、今度の計画は、なんだか不穏な感じがする。私たちの畑がなくなる可能性だってある。畑かカネかにかんしては、大家さん次第なところもあるのだが、この辺は、ゆっくりと周囲を固めて、なんとか阻止していきたい。

私たちの住まう地域には世界に進出している名前が三つある。一つが先の茅乃舎である。NYのバーニーズにも茅乃舎のアゴ出汁は売っているそう。もう一つ、なぜかこの地域でやっている窯元がある。この窯元は、いわゆる普通の焼き物ではなくて、ちょっと現代芸術っぽい作品を作っている人だ。ハーバード大学の客員教授なんかもしていて、世界的にもその界隈では名前が有名だそうだ。その窯元の人物も、ものすごくファンキーなおっさんだ。そしてもう一つは、ゲンサイ・モリ。そう私だ。悪の組織の一員であるアナキスト。英語でもフランス語でも論文は書いたことがある。たぶん誰も読んでないけど。この三つの名。いざとなったら、世界レベルでの闘争を仕掛けてやろうと思っている。もちろん、最初は周囲を固めること。あとはメディア。

＊

これで思い出したことがある。

以前、ある大学で非常勤講師をしていた時、新しい学部の建物を建設する際の反対運動に参加したことがある。大学の門のすぐ近くに、小さい山があるのだが、その山を切り崩して、建物を建てるといった大学の側の発表があった。郊外型のどでかいキャンパスなので、土地はいくらでもあり、山を切り崩す必要など微塵もないように思えたので、大反対の運動を展開したのだ。

学生が主体となりつつ署名を集めて、生態学の先生とその山を練り歩いて絶滅危惧種などレッドデータブックに載っていそうな植物を発見した。中心となる学生は車椅子に乗っており、別のキャンパスに移動するために、学内バスを利用しようとした際に、乗車拒否をされてしまったなんて経緯がある。なので、大学になんとかしてギャフンと言わせたいという怒りに満ち満ちていた。学生の多様性も守れず、今度は生物の多様性も守れないのか、このファックな大学は、といった状態。

で、希少種であるが、トウカイコモウセンゴケという食虫植物などを数種類発見してしまった。ものすごい。ただ生態学の先生曰く、絶滅危惧種なんかの希少種って、結構あるんですよね、とは言っておりました。あはは。いずれにせよ、希少種が存在する貴重な山を某大学は所有しており、なんて自然豊かなキャンパス・ライフが送れるんざんしょ、みたいな感じで新聞に報道してもらった。

他にも第二弾、第三弾と新聞だけでなく、テレビやら、大学と関係のある宗教団体への訴えなど、さまざまな算段を整えていたのだが、途中で大学側のトップがこちら側に寝返り、山を切り崩すことはなくなった。めでたし、めでたし。どうも裏では事務方のトップが、悪いことを画策していたとかしていないとか。山を切り崩す際の残土処理の業者が事務方のトップの方のお知り合いだかなんだか、まぁその辺はごまかされたのですが、まぁ、なんだかんだ、要は、勝ってしまったのだ。正直、明示的に運動で勝利を収めたのは人生ではじめてのことだったので、嬉しいことこの上ない。

＊

政治的に保守的ではない仕方で、つまりラディカルな仕方で、場所を守る、という運動は、世界各地で今も繰り広げられている。たとえばノートルダム・デ・ランドで建設されようとしていた空港建設反対運動（LA ZAD）や、イタリアの高速鉄道の建設反対運動（NO TAV）だ。特に前者の運動はLA ZAD（La Zone à Défendre）と名付けられた運動であり、実は数年前に、勝利を獲得した。日本だと成田空港建設反対で有名な三里塚闘争があるが、それに少し似ているかもしれない。

LA ZADは前史を含めれば七〇年代くらいからその流れがあるが、ひとまず二〇一〇年くらいからLA ZADとして運動が動き出している。空港建設の名目で、もともとその土地で農作業に従事していた人たちが追い出されることになることがわかり、まず地元の人たちが憤慨。そこに環境団体系の人たちやアナキストも入り乱れて、反対運動として盛り上がっていった。

ただ反対を唱えるだけではない。空港建設予定地を占拠して、みんなで農業をはじめてしまった。今では四四の団体がそこで農作業に従事し、それぞれが農作物を分け合ったり、無料で提供したりしている。国家の側からすれば、とっとと建設してしまいたいがために、座り込みなんかをしている人たちをごぼう抜きにしたり、なんだか今の沖縄の辺野古基地や長崎の石木ダム建設予定地であるこうばる地区で行われていることと同じようなことだ。

しかしながら、根気よくその土地を守る運動を続けていると、いいこともある。

この間、フランスではご存じの通り、いろんな問題が噴出して、ドタバタだったがために、フランス政府側もLA ZAD潰しまで手が回らなかったのか、放って置かれたりもした。で、その空港建設の期限というものがあり、それが二〇一七年の六月だった。それまでに空港が作れなかったら、フランス政府は契約していた企業に賠償金を払わねばならないのだが、もちろん作れなかったので、払わねばならない。なんとこのフランス国内のドタバタで、この時期を過ぎても結局空港建設まで至らず、LA ZAD側が勝利したのだ。うーん、元気が出る。国家相手に勝利できる運動があるというだけで、救われる。

LA ZADも某大学の某山を守る会も、自分たちのテリトリーを守り抜いたのだ。で、私たちのコミューンでのジェントリフィケーション問題についても、すでに、いろいろな算段をつけている。

北部九州の地元紙である『西日本新聞』でも私は連載を書いたりしていたので、いつでも準備万全だ。テレビも出たことがあるので、いざとなったら出演のお願いができる。行政に頼らずとも、司法に頼らずとも、やれる準備をしておくこと。もちろん頼ってもいいのだけれども、まぁそこはアナキストですから、その辺は他の方々にお任せ致します。あるアナキストの好きな言葉がある。

「**我々はすべてを求め、すべてを拒否する、自分たちの自律の名のもとに**」。

食料を求め、ヒップなレストランを拒否する、自分たちの自律の名のもとに。なんだか、戦う前から勝つ気しかない。

第3章

仕事

活動資金を得る

はじめに

現金を稼ぐことほど、辛いことはない。

辛くない場合もあるが、基本的には、辛い。「やりたいことしかもうやらない」(by栗原康)、そう思いたくなることばかりだ。授業したり、文章書いたりすることは、私は大好きだ。なので、今の状況は、やりたくない仕事をしているわけではない。とはいえ、もっと現金くればいいのにと思ったりもするが、現金がないならばないなりに、どうにかするしかない。

現在の自分の周りの友人を見渡してみると、仲の良い友人のほとんどが自営業かフリーターである。正規の大学教員の友人や、会社員もいないわけではない。大学は特に昨今、良い噂はあまり聞かない。大学教員の友人に会うと、だいたい疲れてらっしゃる。入試改革、カリキュラム改革、学部再編……泣きそう。会社員の友人とて、朝七時に出て、夜は一〇時とか一二時に帰宅。Netflix か Amazon Prime Video も全編見ることができず、寝てしまう毎日。ちなみに、その友人は土日になると音楽のバンド稼業であっちゃこっちゃライブしている。なかなか忙しそうだ。自分の周囲で自営業をやっている友人には、木工職人とか、洋服作っていたりとか、ライターとかいる。

出汁で有名なレストラン茅乃舎の少し奥で、一緒に畑をやっている友人は、「イトウ家具製作所」という名前で、木工製品をいろいろ作っている。洋服作っている友人では、「途中でやめる」という看板を掲げつつ、『バイトやめる学校』（タバブックス）なんて本も書いている山下陽光がいる。彼とは、月一でちょっと遠出して温泉に入る会を一緒にやっているのであるが、そこにもう一人参加している友人はライターだ。ヤマザキOKコンピュータという名前で、さしてレディオヘッドが好きでもないのにもかかわらず、そんなふざけた名前で活動している。彼は投資やったり、パンクバンドやったりしながらライター稼業をしているようだ（仕事内容は実はよく知らない）。山下・ヤマコン・私で、平日に温泉入って、しっぽりしたりしていた。

フリーターの職種は、さまざまだが、福岡にはなぜかコールセンターのバイトがものすごく多く、その手のバイトをしている友人がたくさんいる。コールセンターのバイトしながら、バンドやったり、絵描いたり、パフォーマンスしたり、自分のやりたいことをしている人がちらほら。自分の場合は、若干、特殊な状況なのかもしれないが、友人のほとんどがまぁ、基本的には自分のやりたいことに近いことをしながら暮らしている。

思い返せば、バイトも人並みにいろいろしてきた。

思い出せる（そして書ける）範囲で、時系列で列挙してみる。日雇いバイト（引っ越しや鳶や的屋）、コンビニバイト、映画館バイト、塾講師、大学研究員、造園業などだ。コミューン生活の頃は、大学非常勤講師と売文業でギリギリ暮らせないくらいの収入を得ていた。そう、収入に関しては、安定したことがなかったのだ。貧乏暇なしも嫌なので、若干、仕事をセーブしたりしていたが、基本的には、貧乏暇なし状態だった。

もしかしたら、私の世代（三〇代）って、こういう人多いのではないだろうかと推察するが、どうなんでしょう。ただ、思い返してみたら、高校時代の仲の良かった友人も、学部時代の仲の良かった友人も、だいたいこんな感じで生きている気がするのだが、仲良くなかった同級生とかは、超がつくほど有名な企業に入ったりしている奴もいるので、やはり自分を取り巻く環境や嗜好性が異なってくると、その行き先の進路も異なってくるのかもしれない。端的に言えば、奴らと自分らは違うというだけなのだ。

遊びたいがために人に言えないような現金稼ぎもしてきたし（今は裏社会（？）から足を洗ってますよ、はい）、特に学部時代は学費を払うためにあっちゃこっちゃバイトに行っていた。奨学金なるものを借りてしまっていたせいで、気づけば七〇〇万円以上も借金がある。もう、今となっては、奨学金で田舎の一軒家でも買っていればよかったと思う始末だ。当然のように、就職した今ですら、返済のメドなど立っていない。だから、こんな感じで一生極貧生活なのではないかと思ったりもする。

学費はタダであるべきだと思う。日本政府は武器とか買ってないで、教育機関にその予算を回すべきである。人間を育てないで、武器買うとか、バカの極みだとしか思えない。子どもに自転車の乗り方教えないで、大人が自分にナイフ買って満足しているようなものだ。誰も襲って来やしないのに。とはいえ、お金がないなりになんとか暮らす方法はなかろうかと模索した結果が今まさにここで書いていることであったりもする。

話は戻るが、なんにもしてくれないならば、自分たちでなんとかするより他ない。もちろん、文句を言いつつ、正攻法で攻めつつ、そして正攻法以外でも圧をかけつつ、加えて、自分たちでもなんとかする。これら全部必要であるが、ここでは、自分たちでなんとかする方向のことに基本的に絞って書きます。もちろん、自分の経験からしかモノは言えないのだが、今のところ、ひとまず、田舎に来ればなんとか生活できることはわかった。もちろん、貧困化している、この糞ったれ日本社会を肯定しているわけではない。

そんなこんなで今回は、仕事のこと。

いろんな仕事

先に書いてきたように、さして珍しい仕事をしてきたわけではない。珍しい仕事はしたこともあるが、ここでは書けない内容なので、その点については割愛させていただきます。ごめんよ！　まぁ、その仕事も長続きしたわけでもなく、すぐクビになった（でもまさに、「法外」に、お金は良かった……）。同僚（?）が捕まって、お前ら使えねぇな、と怖いお兄さんたちからクビを宣告されたのである。

それはそうとまず、日雇いであるが、最初に親や親戚以外からお金をもらったのは、高校生の時分だったと思う。今はなきグッドウィル（懐かしい響きだ！）だったか、派遣会社的なものに登録して、その都度派遣先に行ってバイトをしていた。

鳶とかは、なかなか威勢のいいおっさんやらがいて大変楽しかった。その鳶のおっさんから実は、先の言えない仕事を紹介してもらったりする入り口もあったりした。他に、周囲で多かったのは窃盗や食い逃げである。基本的には、悪い先輩やらが、窃盗や食い逃げの方法を教えてくれたり、盗む方法をそれぞれどこからか聞き出したり、編み出したりして、商品を頂戴し、適当に売りさばいていた。食い逃げに関しては、方法もへったくれもない。ただ、食べて、逃げるのみ。かっこよく言えばルパン三世ごっこ、あるいは鼠小僧。悪く言えば、ただの威勢の良い（?）不良ごっこだ。

盗られる側の気持ちを考えろと言われるかもしれないが、みんなバカだったので考えもしていなかったし、盗る側の生活状況も考えろと言いたくなるほど、私たちは、貧しかった。私も含めて多くが母子家庭だったりして、なんというか、夜に酒でも飲んで、不幸自慢大会にでもなれば、なかなか悲壮な面持ちで、皆ぐったりしつつも、なんだかそれを笑い話に変えていくことで、生きてきた。

とはいえ、この窃盗にかんしては、さしてお金になるわけでなく、その上、リスクも高い。友人は捕まって裁判所行ったりして、そのあたりから、友人集団で、サーっとやるのをやめた。ただ中には、大学の入学金稼いだなんて人もいた。盗んだバイクで走りだす〜♪なんてほとんどの人が知っているあの曲のように、「チョッケツ」なんて技があったりもするが、私はもう原付乗らないので、これまた割愛。

＊

コンビニバイトは私には、不思議と面白かった。

というのも、深夜のコンビニで、人間観察するのが私の性に合っていたのだ。働いていたのは、廃墟のような東京の西にあるニュータウンの一角にある深夜のコンビニ。何かのドラッグをキメてバイクで店内に突っ込んできて、ガラスをガッシャーンと割って入ってきて、店員である私に、一言、ヤーマン！　と言って、タバコをお買い求めになられた先輩なんかもいらっしゃった。これがラスタファリアンなのか、そうじゃないのか、もちろん、そうじゃないのだが、なかなか、ぶっ飛んでいた。ものすごいタバコの購入方法である。

あるいは、ホステスの送迎している先輩で、一年中アイスを注文される方がいたのだが、むっちゃ寒い冬の日に、ブルブル震えながら、アイスをお求めになられたので、つい、あっためますか、と聞いたこともあった。後日談だが、ホステスに手を出して、あの日、会社にクビを通告されて、頭ん中わけわかんなくなっていたそうだ。

深夜というのは、そもそも人間が活動するような時間ではない。そうであるからか、なんというか、大変面白い。活動しちゃいけない時間に活動するので、人間も狂うのである。資本主義が非人間的な領域をも経済活動の名の下で飲み込んでいる様をまざまざと観察できるのが、深夜のコンビニだ。

＊

塾講師は結構長きにわたってやっていた。

中学受験の塾で数年にわたってやっていた。東京にいた時もやっていたし、関西に行った時もやっていた。福岡では大学受験の予備校でも教えていた。塾で、何かしらを教えていると、次第に、こちらもなぜかやる気になってしまう。授業中、何も興味なさそうだった生徒が、授業の途中くらいから目を輝かせたりしようもんならば、何だ、俺、教えるの上手いじゃん、すげーじゃん、となるのである。

中学受験なので、小学生に、大学の現代文の問題を解かせたりしたこともあった。すごい生徒なんかは、ほぼ完全な答案を出してきた。たぶん、小学校六年生でも大学は入れるのだ。

予備校でも、評論文のテクニックを教えるのはもちろんだが、時間があるときは、その背景にある思想的な話をすると、結構、生徒は食いついてきて、どげん本読んだらいいとですか、なんて聞いてきたりする。もうこうなったら、哲学病患者を一人増やしたも同然。予備校生なのに(?)、ショーペンハウエルについて質問してきたりして、私もそんなに詳しくは知らないので、タジタジになったりもした。近年は、やりがい搾取みたいなバイトが増えているし、塾もかつてのように生徒数を獲得できないと思われるので、一概に良いとは言えないが、私は生徒と触れ合い、授業を展開するのが好きである。

当時の仕事

大学で教え始めて一〇年弱くらいになる。

今まで受け持った授業は、哲学や倫理学の授業、あとは思想史だったり、フランス語だったり、ゼミだったりだ。高等専門学校でも非常勤をしたことがあり、政治経済やら高校生向けの倫理の授業もやった。予備校では現代文。教育機関によって、そして学年によって、なんだか色が違うので、一概には言えないが、基本的には楽しい。

先に述べたように、生徒や学生の目の色が変わるのが嬉しくてやるというのもあるし、自分で授業をつくったりする中で、新たな発見がある。哲学や倫理学に関しても一応は専門領域なので、ざっくりと大方のことは知っているつもりでも、授業準備していると、自らの無知で自分自身が打ちのめされたり、思想史に関しては思想の流れや受容関係が理解できると、さっそく学生らに教えたくなる。とはいえ、これも楽しいことばかりではない。たまに面倒臭い事態が生じたりもする。

以前、ゼミを受け持っていた時のことだ。

二年生向けのそのゼミは、学生らがはじめてゼミなるものを体験する機会であり、ある本をみんなで輪読というか、講読していくことになっていた。毎回担当者を決めてレジュメを切ってもらい、発表してもらう。レジュメの切り方や、脚注のつけ方など細かい話もしつつ、その輪読する本の内容の説明だったり、背景だったりをこちらが喋ったりする。ゼミは、基本的には学生のやる気を引きのばすための、おしゃべりの場だと思う。

で、十数人の学生が、そのゼミを履修していたのであるが、そのうちの一人が、まぁ、やる気がない。遅刻は当然だし、ゼミ中はずっと携帯をいじっている。レジュメ担当回になっても、私の話はまったく聞いていないので、レジュメもひどい。というか基本はゼミに来ない。まぁ、受けたくもない授業を受けさせられている彼もかわいそうだと当初は思っていたのだが、他の学生の発表も彼は聞く気もないようで、なんだか、授業態度が悪い。私は全授業中、彼に注意はしなかった。もちろん、レジュメの修正案とかの点では、ダメ出しはしたが、態度については、注意はしなかった。

最後の最後に、彼が私に言った。どうすればゼミの単位は取れるんすかぁ、と。

当然のように、それについては最初の授業回で伝えていた。レジュメと発表と発言とで、客観的に評価する基準を作って、それにのっとって、点数をつけ、単位認定します、と。で、あなたに関しては、すべてにおいて基準を下回っており、単位認定はない、と。そうしたら、いきがっていたはずの彼は、ぐすんぐすん泣き出したのである。

おい、どうした。このゼミは単位を取らないと、三年生に実質上がれないものだった。いわば、留年というやつだ。それが嫌だったらしく、泣き出した。泣いても無駄よ、だって、チャンスはこの授業一五回分すべてにあったのだから。数回しか出席しておらず、レジュメもろくに切れず、人の話も聞かず、何が単位でしょうね。優しく私はお伝えしたが、彼の顔はぐしゃぐしゃ。うーん。かわいそう。しかし私もたまにはこんな感じで、教師面をせないかん時もあるのが辛い。

＊

面倒なのは学生だけではない。機械だ。

最近の大学って、学生の出席管理を厳しくやっているのですよ。で、そのために学生証には何だかチップが埋め込まれていて、その学生証をかざすと、出席確認が取れるというカードリーダーという機械が各教室にある。私は、先のゼミは別にしても、講義の授業では、出席は取らないので（だって何百人といるので、いちいち気にしていられない）、学生が教室に入るたびにピッ、ピッと鳴らして入ってくるのは、なんだか、うざい。

百歩譲ってそれだけならばいい。ある大学のカードリーダーがまたポンコツで、学生がピッと学生証をかざしても、出席にならないことがあるようだ。で、毎回、出席していたのに、学生がwebで出席確認をみたら、欠席になってました、と私に言ってくるのである。基本的には、私は出席したか否かを成績評価に反映させることは講義ではしないので、そんなんどうでもいい、と言っているのだが、さらに食らいついてくる学生がいる。

自分は一人暮らしで、親が大学にきちんと通っているかどうかwebから確認してくるので、出席にして欲しいとか、奨学金が取れなくなるので出席にして欲しいとか、ゼミの先生がきちんと出席しているかどうか聞いてくるので出席にして欲しいとか……私が学部生だった頃には考えられないような理由がポンポン出てくる。

まず、出席するか否かで評価をするのは、私の大嫌いな天下の文部科学省ですら、推奨していなかったはずだ。そして、前回出席していたんですけど、欠席になってました、と言ってくる輩は、大変困る。出席していたかどうかの客観的な資料などは何も提示してこないのだ。日付を書いたノートがありますなんて言ってくるが、そのノートは授業日以外に友達の書いたものを写しただけかもしれないわけだ。もう知らん。

とにかく諸悪の根源は大学が学生を管理しようとするカードリーダーのポンコツ具合に起因している。本当に勘弁だ。管理したところで学生の勉強意欲が高くなるわけではなかろう。勉強なんて、基本的には授業の外でやるもんだろうが。ブルシットジョブ!!

＊

その一方でいいこともある。

ある学生らが大学院行きたいと私に相談してきたので、いろいろ盛り上がってしまい、一緒に読書会をすることになった。で、ルソーの『社会契約論』を読んだり、フランス語教えたりして、彼らは皆希望する大学院に進学することができたなんてこともあった。もちろん、有志でやっていたことなので、無償であるし、私のおかげというよりも彼らの日々の勉強が功を奏したのであるが、こういうことが一番楽しいし、嬉しい。まぁ、ちょっと自慢ぽくなりそうなので、この辺の話も割愛。そう、できる教師面しているようで、ちょっと恥ずかしい。

あ、そうそう、一応先の話を回収すると、態度が悪かったゼミ生には、ものすごい大量の課題を与え、それをクリアしたら、単位認定を考えるということにして、なんとか彼は頑張ったので、ギリギリ認定。それとカードリーダー問題であるが、これは、もう大学の事務に相談して、そこから情報なんとかセンターみたいなところに話が行き、目下、解決に向かって動いているそうだ。が、機械のことはよくわからん。

就職活動

こんな私でも、いい加減就職なるものをしてみようかと思っている。

子どもいるし、今後金がかかること間違いなし。日本は学費が高いので、もしも子どもが私立の高校やら入ってしまったら、大変な事態に陥る。考えるだけで、恐ろしい。博士になったのが二〇一五年三月だったので、その四月くらいから、正規での大学の教員の公募に出したりしている。基本的には田舎がいいので、東京や関東圏以外の大学にばかり出していたのであるが、圧倒的に、大学の母数が多いのは関東なので、ほとんど出せる機会がない。それに加え、いくら出したところで、ほとんど箸にも棒にもかからない。公募出して、忘れた頃に、残念でしたね！　という紙ぺら一枚送られてくるくらいだ。あとはこの世界、いわゆる出来レース的なものがたくさんある。まぁ、知っている人とるわよね、というのはわからんでもないが、たまには私の方も振り向いてよね。

公募書類出して、運が良いと、面接や模擬授業なんかに呼ばれる。今までおそらく三〇～四〇くらいは出しただろうか。書類も作成するのが大変面倒臭い。共通したフォーマットがあるわけでもなく、大学ごとに異なる。履歴書、研究・教育業績書、研究の抱負、教育の抱負などなど。英語で書け、なんてのもあるし、国外の大学にも出した。いろいろ出したなぁ……（遠い目）。

今まで面接や模擬授業で呼ばれたのは六つの学校。

最初に呼ばれた某大学では、まだ私がＦＤ（ファカルティ・ディベロップメント）やらを知らず、完全にそのＦＤ的にはアウトな模擬授業を展開させていただきました。要は、大学での授業のやり方として、教員が威圧してはならないとか偉そうにしないとか、いろいろあるのであるが、その決まりがＦＤにあったりする。で、いつもはそんなことしないのであるが、模擬授業のさい、気合を入れるために、まず教卓をバンっと叩いた。それでものすごい勢いでまくしたてて授業を展開。威圧以外のなにものでもないでしょう。私はバカでした。もう、私の完全なる失敗。当然、落ちた。気合ではなんとかならぬことがわかった。

二つ目は大変良さそうな、芸術系の大学。私からして右二人の先生が私にいっぱい好意的な質問してくれて、左三人の先生が私をディスりまくって、おそらく二対三。落ちた。喫煙所で、大学院時代に私の通っていた大学の総長にあった。その総長はその当時、そこの芸術系の大学の学長になっていたのだ。微妙に知っていたので、ご無沙汰しております、的な感じでちょろっと話したので縁があったかな、とは思ったのだが、ダメでした。もしかしたら彼が私のこと大嫌いだったりしてね。まぁ関係ないと思いますが。

三つ目もこれまた芸術系の大学。ここもちょっと以前パートナーが働いたりしていたので、縁があるかなとは思っていた。面接・模擬授業と進み、最後は理事長面接まで行ったものの、理事長はふかふかのソファーに深く腰掛け、基本、私と目を合わせてくれず、なんだかディスコミュニケーション状態。落ちた。ここも私のことなんか大嫌いな人が実はいて、その裏の組織が動いて私を落としたのでは、なんて邪推をしたりは、しておりません。まぁ関係ないと思います。

いきなり一年で三つも大学の面接やらに呼ばれたので、これはすぐ決まるんじゃないかとタカをくっていたが、翌年からあまり呼ばれなくなった。翌年の二〇一六年は一校のみ。

大学ではなく、高専で、自分の経験を生かせるぜと意気込んで行ったのだが、どうも相性が悪かったようだ。面接では今まで通り研究ができると思ったら大間違いだぞ、みたいなことをなぜか言われ、で、研究する時間は校務の間になんとか作ってやりくりします、みたいなことは言ったのだが、なんだか、ダメだったみたい。ここを腰掛けみたいにして、東京の大学なんかに行くなよな、みたいなことも言われた。だから、東京の大学には出してないんだってば。

二〇一七年はなんと福岡の大学。これは今住んでいるところからも近いし、絶対決めに行くぞとこれまた意気込んで行ったのだが、思想系だけでなく、社会学に寄せた講座を担当せよとのことで、ちょっと分野が違っていたようだ。科目適合性というやつでしょうか。そこでは面接と研究発表をしたのだが、その学部の全教員五〇数名対私一人。フルボッコにされてしばらく立ち直れなかった。怖すぎた。学会発表よりもしんどかった。今思い出しても、ちょっとトラウマ。

で、二〇一八年である。

そこは今までの反省を踏まえた上で、ぬかりなく準備をしていった。しかし英語で模擬授業。なかなかハードルが高い。何度も何度も自宅でブツブツと念仏のように時間配分なども含めて唱えて、準備した。作ったパワポ資料に注目してもらうべく、手に持ったレーザーポインターは汗だく。で、私のパワポの文字を指すレーザーはブルブル震えまくるという始末。

両手で持ったりして、なんとかブルブルを止めようとしたが、まぁ、緊張した。

実はこの間、他にも日本学術振興会という科学研究費なんかを担当しているところがあるのだが、その研究員に応募して通ったりもした。卓越研究員とかいうダサい名前の研究員だ。で、それはその研究員としてだけでは職を得られるわけではなく、その受け入れ先というか、大学機関とセットで職が得られるという、説明するのもなんだか面倒臭い制度であった。

で、その卓越研究員通りましたよ、という通知と、先の英語で模擬授業をやった大学からも通りましたよ、という通知を一緒にもらった。いきなりモテ期到来である。卓越研究員の方はテニュアトラックといって、五年任期で、任期が終わったら審査を受けた上で常勤の先生ですよ、というやつであった。ややこしいのである。ややこしいことこの上ないのは、後日、卓越研究員通ったけど、大学機関の方からはねられたりした。

もう制度がよくわからない。というかそもそも、最初から常勤で働ける場所の方がいいに決まっておるので、先の英語で模擬授業した大学に行くことに速攻で決めた。そんなこんなで今の職場で二〇一九年の四月からブツブツ授業している。みんな遊びに来てね。ブツブツ。


それでも今は極貧だし、この先もあまり変わらない、

しかし……

二〇一九年の四月から就職は決まったとしても、二〇一八年時点では、大学非常勤講師と売文業でギリギリ暮らせない状態だ。あとは畑やら釣りにいって、なんとか食料を調達するのみ。

大学の先生って、イメージでは、でっかい家に住んでいて、優雅にクラシックでも聴きながら、自宅で研究に没頭しているイメージがあったが、これは、大学がなんとか帝国大学とかの時代の給料でないと無理なようだ。毎日、大学行って、授業して、会議して、いろんな書類作ったりして、たまに研究して、みたいな、実のところ、そんなに今までと変わらないような日常が待っているのである。

この当時は気づかなかったし、知らなかったが、現在、いろんな会議なるものが、なんでこんなに多いんですか、と思っている。1限会議、2限会議、3限授業、4限から教授会（夜まで……）なんて状態だ。地方大学は、なかなか厳しいものがある。ぐったり。それでもなお、就職が決まったというのは、嬉しくないわけがないし、仮に最低な日常になったとしても、なんとか、今までの知恵をやりくりして、革命へのオソロシー陰謀を画策するのみである。

とにかく田舎に住めば、だいたいなんとかなることは、これまでの経験上分かったのは確かだ。人とのつながり、畑、自然環境。都会には都会の作法があると思うが、私はそれをしてきていないので、皆さんにとっては参考にならないかもしれない。ただ、ともすれば、ちょっと田舎に出てしまう勇気さえあれば、なんとかなるし、なんとかする。その手伝いもできるかと思う。私自身も手探りでしかない。

そういえば、何度か音楽稼業で少しお金をもらったことがある。

昔バンドをやったり、ちょっとだけＤＪをしたりしていた。バンドでは基本的には赤字だったのだが、ハコによっては、お客さんの数だけバックがもらえたりした。ＤＪもいろいろ人がいる中で、私などその末席でちょろっと好きな音楽かけただけであるが、そうであっても、そのハコが揺れている様をステージから見るのは気持ちが良い。

ヴァイナル・レコードを手に入れることをディグると言ったりするのだが、レコ屋にディグりに行って、それを持ち帰り家で聴く。曲と曲を繋げることを考えたりするのは私にとって大変楽しいことだ。ただでさえ、レコードに針を食わせてやるだけで、レコードが生き生きと回転しているように見える。そしてその音を聞く私も心が踊りだす。ついリズムをとって、首をリズムに合わせて動かしてしまう。

レコードがレコード屋にあるように、生活の知恵だって、いたるところにゴロゴロ転がっている。それをディグって、自分の心の中のターンテーブルで回転させ、針を落とせば、心は鳴り出す。体は踊りだす。これが今の所のアルファであり、オメガであると思う。

第4章

料理

活きる力を養う

はじめに

私は料理が好きだ。というよりも、料理本を読むのが好きだ（クックパッドも好きだ）。本屋に行くと、人文書のコーナーと料理本のコーナーには必ず立ち寄る。晩御飯の献立や、そのうち作ってみたいものなんかを立ち読みするのがたまらなく楽しい。料理の写真が載っているのはもちろん好きなのだが、料理にまつわるエッセイがとりわけ好物だ。なかでも、檀一雄の『檀流クッキング』と、石牟礼道子の『食べごしらえ　おままごと』が双璧をなす（これに加え、内田百閒の食べ物の書きっぷりも好きだ）。檀一雄は『火宅の人』の中でも、やたらと料理に関する記述が多かったりするのも、彼の地が出ており、なんだか他人事ではない気がしている。

ちなみに、檀一雄は晩年、博多湾の能古島というところに居を構えたりしていて、福岡に住む私は勝手に親近感が湧いている。木村栄文という伝説的なドキュメンタリストがいるのだが、彼がＲＫＢ毎日放送で製作した『むかし男ありけり』で、檀一雄の晩年を追っており、そこで出演しているのが高倉健で、映像がたまらない。

『檀流クッキング』と『食べごしらえ　おままごと』の二冊に共通しているのは、ただただ料理の指南をしてくれるだけではなく、ちょろっと入る一言二言がイケているところだ。

檀一雄であれば、「この地上で、私は買い出しほど、好きな仕事はない」なんて文言がある。たまらない。私もそうだ。スーパーや魚屋、はたまた八百屋、あるいはスパイス専門店に行くのは、書店や図書館に行くことと同じくらい、私には好きな行為である。石牟礼道子であれば、知り合いからもらった独活《ウド》を「山の神さまが化けていらしたのではないか」なんて表現したりする。料理する以前のありさまを楽しみ、材料を形容していくことで、料理そのものがより楽しくなっていく。

料理を作っている時に、食材を擬人化して、脳内で妄想することがままあるのだが、なんというか石牟礼の気持ちがとてもよくわかる。ニンジンをしりしり（繊切りのことね）するときには、自分たちの畑で太って、家でしりしりされて、細くなってかわいそうね、でも食べちゃいますよ、ガオー、なんて脳内で会話しているのは内緒である。ああ、書くと、ちょっと、恥ずかしい。そんなこんなであるが、もちろん、知らない料理を知ることができるから、料理本が好きだというのが最大の理由なんだけれども、ね。

人と一緒に作るのも楽しい。台所に二人はいらないなんて、よくある（?）嫁と姑問題で聞く文言があるが、二人で台所に立ってもいいと思う。ただしもちろん、まったく異なる料理体験を持ち合う人同士で、こちら側が妥協（?）することができればの話であるが。

広島の友人たち（東琢磨・行友太郎）が『フードジョッキー』（ひろしま女性学研究所）という本を著しているのだが、発想が面白い。二つのカセットコンロを準備して、その上に、鍋やらをそれぞれ置いておく。材料を持ち寄りでその場に集まった具材を、適当に調理してゆく。ターンテーブルに見立てられたコンロの上で、レコードが回るように料理が混ざり合ってゆく。真ん中にミキサー代わりにホットプレートがあってもいいかもしれない。

とにかくいろいろできる。味の薄いものから濃いものへの料理の変化を楽しんでいく。最初は水炊きやらちり鍋に始まり、最後はキムチをぶっこんでチゲ鍋なんてルートもいい。たまに問題が発生するとすれば、DJならぬFJが交代されず、ずっと立ったままになってしまうこともあるということだ。その辺は、みんな臨機応変に交代できることが望ましい。タイムテーブルを組んでもいいかもしれない。

いろんな料理

そんなこんなで今回は料理についてだ。

コミューンに住んでいる間、家にいる時間が長かったので、子ども相手に作ったり、友人相手に作ったり、私が台所に立つことは結構あった。何よりも家で作るのは安い。畑で採れた野菜やら、釣ってきた魚、たまにもらう鶏肉や鹿肉やアナグマの肉。買い出しも楽しいが、季節ごとに、いろいろな収穫物や頂き物で、何を作ろうかなんて考えるのは、ウキウキする。子ども向けだと、チャーハンやら、タンドリーチキン（辛くないやつね）やら、麻婆ナス（これも辛くないやつね）やら、照り焼きチキンやら、天ぷらやら、鹿肉やアナグマ肉の煮物、シンプルに野菜炒めだけの時もある。福岡という土地柄もあって、ガメ煮やら焼き鳥もよく作る。焼き鳥なんて、切って、焼くだけ。超簡単。

大人向けだと、もう少し辛めのものを作ったりする。一番楽なのは、カレーだろうか。わ、出た、この手の奴はだいたいカレー作るよな、とか思われる向きもあるかもしれない。ただ、カレーって、なんだかんだ簡単で、子どもも大人も好き。しかもカレーを作る工程をちょっと変えれば、いろんな煮物類ができるので、煮物の工程を一つ覚えておくのは、とてもいい気がする。確かにラーメンよりはカレーが好きだが、私はラーメンがあまり好きではないし、ラーメンよりうどんだし、うどんよりそばである。で、なんだかんだ、一番好きなのは刺身である。あれ、カレーの話から遠ざかっていく。

カレーに戻る。そして、私は固形のルーのカレーが好きではない。脂っこくて、胃腸の調子が悪くなってしまう。もともと胃腸がさして強くないのだが、中年にさしかかってきて、脂っこいものが年々ダメになってきている。年とるって嫌ね。牛肉はもともと苦手なのだが、牛のステーキなんて、今は一〇〇グラム以下でないと食べきれない。

こんな胃腸の具合なので、固形のルーのカレーは基本的に私は食べない。あれって、油の塊にしか見えない。見るだけでつらい。で、どうなるかというと、自分も食べることができるものしか作らない。要は脂っこくないものになるということだ。

そこで、固形のルーの代わりに、ターメリックに加え、クローブ・シナモン・ナツメグなどを調合したガラムマサラ入れて作ることになるのではあるが、面倒くさがりなので、基本的にはチリやら辛いものをあまり入れないものをひとまず。スパイス屋さんで適当にカレーが作ることができそうなスパイスを購入し、ドバドバ配合して作っていく。ものによっては畑で作る。ハーブ系は結構簡単に収穫できる。ハーブっていわゆる雑草と一緒ですからね。もちろん多年草と一年草の違いは種類によってあるのですが。

それはそうとガラムマサラであるが、だいたい目分量で配合する。とはいえ、ターメリックだけ多めに入れて、それ以外はそのターメリックの半分くらいの分量。混ぜ合わせる前は、それぞれのスパイスをビンに入れていくと層が出来上がり、とても綺麗だ。数々のスパイスを混ぜあわせると、ようやくカレーの素みたいな感じになる。で、辛いものが欲しい場合は、食す際だったり、仕上げだったり、いずれにせよ、後で足す。最初から辛くていい人はホワイトペッパーとカイエンペッパーをこのガラムマサラの段階で入れておくことをお勧めする。

私が作る場合は、あくまで子どもが食べることができるというのが基本前提である。以前、スイスのベルンへ行った時に、露店のファラフェル屋があり、そこで、瓶詰めのニンニクとチリのソースが売られていたので、それを大量に買って、重宝している。出来上がったカレーを、辛くしたいときは、それを足すと、発汗しまくるほど辛い。そしてとても香ばしくなる。たまらない。言うまでもなく、うまい。ニンニク最高だ。

畑をやっているのもあって、ニンニクとチリは作るようになり、それをペーストにして、ちょっとオリーブオイルと塩で味付けして、ソースを作り置きするようにもなった。便利だぜ、これ。ニンニクとチリだけじゃなくて、その代わりではないけれども、バジルの葉を摘んで、同じ工程で、ジェノベーゼもできる。構造は同じで任意の交換可能な何かがあるのみ。あとで書くけれども、これは構造主義である。料理は構造なのだ、たぶん。

＊

で、カレーに戻る。

最初に、スパイス（カルダモンとかね、適当に）とニンニクを炒め、そこにみじん切り玉ねぎを加える。当たり前だけれども、焦げないように炒める。この間、ショットでウイスキーをちびちび飲みながら炒める。料理を作っている間に飲むお酒ほどうまいものはない。タバコをくわえて、炒める。この間のチル・タイム具合はハンパない。至福の時間だ。好きな音楽を聴きながらだと、なお良い。最近のお気に入りは、ロバート・グラスパーやカマシ・ワシントンなんていうミュージシャンだ。もう最高。そんなこんなで、ウイスキーで顔がポッとしてきたら、トマトを鍋にぶっ込み、潰しつつ（ホールトマト缶でも構わない）、ここで先のガラムマサラとショウガを投入。ちなみに、ニンニクとショウガはいつもすりおろしている。擦り下ろさずとも、小さく切っても構わないと思う。この間、ウイスキー飲みながらなので、酔っ払って味がわからなくなるかもしれないが、まぁ、カレーなんて、どうせ味が濃いので、味見できる範囲のものだ。出汁のものとかは酔っ払うと、あれ、薄いんじゃねぇか、とか思ってしまうので、ちょっと危険。

具材が鍋の中で馴染んできたら鶏モモを入れる。個人的にはセセリの方が望ましい。当時住んでいた福岡だとセセリはもも肉とさして変わらない値段で手に入るので、ちょっと嬉しい。東京時代にはセセリげな食べたことなかった。とはいえ年々肉が食べられなくなっているので、肉の代わりにもっと野菜をぶっこんでも構わないだろう。ひよこ豆を湯がいてから入れてもいいし、レンズ豆とかでもいい。夏ならナスやら入れてもいいし、冬なら根菜を入れても良い。

外国のアナキストはヴィーガンが多かったりするので、そうしたアナキストたちが我が家に来ても対応できるし、カレーは一つ覚えておくとなかなか便利な一品だ。ヴィーガンとは、徹底して動物由来の食品を採らない人たちのことだ。ベジタリアンも似てはいるが、卵は食べたりする人もいる。グラデーションがある。最近だと日本ではマクロビオティックみたいなものもある。ただ、個人的には、マクロビは胡散臭いと思っている。まぁ、その辺はお好みだ。

この関係で興味深い議論もたくさんある。

たとえば藤原辰史『ナチス・ドイツの有機農業』（柏書房）という本があるのだが、その中の、有機農法を推し進めたナチスの政策が、民衆の健康増進と全体的管理にも繋がっているという話だ。自然との「共生」がともすれば全体主義にも繋がりかねない側面もあるのは間違いない。

私も特に原発事故以降、頻繁にエコでエシカルで体にいい健康食品を推進する人にたくさん会ってきた。私は喫煙者なのだが、そうした人たちと会うと、私はよく糾弾された。禁煙ファシズムである。ナチ独裁国家が推進せずとも、その手の界隈がミニチュア・ナチ独裁国家化してしまう。多様性を謳っているはずのナチュラリストたちは、純潔を守ろうとするという立場に自らはまり込んで行くのである。

忘れてはならないのは、敵はヒエラルキーであり、国家の存在であるということだ。タバコげな身体に悪いことは重々承知している。しかし私の精神には良い。それも構築されたものにすぎないかもしれないが、徐々に変化を知る余裕を与えて欲しいものだ。私も人に対してそのように接していきたい。それと同時に、いつでも国家が敵であり、国家を内面化している人が敵である。自分も含めて敵になりかねない要素が人間には、多分にあるのは事実だ。だから心にアナキズムを持っているべきなのではないか。

アナキズムは人間が生きる上での大変重要な要素である。もっと言えば、アナキズム的な要素があったからこそ、私たちはずっと生きることができてきたのではないか。国家的なものは便利であるし、それに頼ってしまおうと思いがちであるが、頼ったところで何もしてくれないどころか、私たちに害悪ばかり与えてくる。その一方でアナキズムは、国家的なものに心まで訓育されてしまうと、一見面倒臭そうなものに思われる代物だが、むしろ大変どころか、私たちに余裕を与え、面倒臭いどころか、生きる上で当然のことでもある。

そう、**アナキズムとは、ヒエラルキーと国家に対して常に抵抗し、人に余裕を与え、そして助け合おうとする不断の努力が験されるもの**なのだ。人間として生きる上でもこれはとても重要な考え方だと思う。アナキズム大切。

＊

で、カレーの続きだ。

先の状態から入れたい野菜をぶっこんでいく。ジャガイモでもいいし、しめじとかを入れてもいい。最後に、水。ヴィーガンでなければ牛乳でもいいだろう。その辺はお任せだ。贅沢にココナッツミルクにしてしまったっていい。グツグツして具材に火が通っていたら、塩と胡椒を最後に、入れたり入れなかったり。知っている人は知っていることなので、ここで書くのも恐縮だが、塩なんかは最後にすること。これ料理の鉄則。野菜とかの細胞に、しみ入っていくべき味付けが、最初に塩を入れてしまうと、その塩が野菜の細胞にくっついてしまい、水分を吸収し、味がしみないのよ。まぁ、誰でも知っていることか、こんなことは。

この間、ウイスキーが三杯目くらいに突入していると、なぜかウスターソースとかオイスターソースとか入れ出すが、あまり入れると成功しないので、お勧めしません。なので、ウイスキーは一杯か二杯で止めておくのがベスト。

固形ルーのカレーと違って、この手のカレーは、胃腸がもたれたりはしない、はず。で、カレー作るのは得意な人はもうわかると思うのだが、先の過程の中のトマトの代わりに、ほうれん草でも良い。そうするとサグカレーになる(いわゆる緑のカレーね)。ナッツでもいい。ほうれん草やらナッツ類の場合、ペーストにしなければならない。フードプロセッサーがあると超便利である。私はフードプロセッサーが欲しすぎて、コミューンの家に引っ越して最初に、これを購入した。先のジェノベーゼを作ったりするのにも大変便利。

フードプロセッサーでそもそも何を作りたかったかというと、ファラフェルであった。ひよこ豆のコロッケである。ひよこ豆を湯がいてから、クミンやらコリアンダーなんかを一緒にすりつぶし、それを球体にして揚げたものがファラフェルだ。このすりつぶす作業が、フードプロセッサー導入前は、すりこぎでひたすらやらねばならず、手がとてつもなく疲れていた。この疲れを何とか回避したいがために、フードプロセッサーを奮発して、リサイクルショップで見つけ出して買ったのだ。これでもう完璧。

このファラフェル、以前に私がおフランスのパリに住んでおりました時に知ったのでございます。私が住んでいた場所はアラビア系の人たちが多く住んでおり、その辺にファラフェル屋さんやら、アラビア系の食材屋さんがやたらあった。安いし旨いので、頻繁に通っていたのだが、気づけば、もうファラフェルに夢中。パリでも有名なのはマレ地区という場所。そこにもファラフェル屋さんが数多くあるので、観光で行ったことがある方もいるかもしれない。

私が住んでいたところは観光地でもなんでもないのだが、なんせ三〜五ユーロでたらふく食べられるファラフェルサンドが手に入るのだ。ファラフェルサンドは、ピタパンというパンに、レタスやら人参やらの野菜、そしてファラフェルが入っている、いわばサンドイッチだ。これにオプションでチキンやマトンを追加することもできる。最後はチリソースをぶっかけて、ぱくつく。なかなか腹にたまるヴォリュームだったりする。さすが海外という感じ。

レタスがなければ、もうこの際キャベツの千切りでもいいし、サラダ玉ねぎでもいい。これらをピタパンでなくても、これまたこの際食パンに挟んでも良い。もっと言えば、挟むのはファラフェルでなくて、オイルサーディンでもいい。なんでもいい。

それでもなお、ひよこ豆の食感と味がたまらなく好きなので、私はファラフェルがあらゆるサンドイッチの中で一番好きである。ソースもいろいろある。タヒーナソースというヨーグルトベースのものもあるし、チリソースでもいいし、変化球で、サルサソースでもいい。ぶっちゃけ、ケチャップでもいいし、ウスターソースとかでも構わない。中東料理は他にもクスクスやらタジン鍋やら、ケフタと呼ばれるミートボールもいいし、パトゥルジャン・イマム・バユルドゥというナスの料理もいい。もう旨いものだらけ。中東料理最高。モロッコから地中海沿岸を経由して、中東を通り、そしてインド、もっと言えば、そこから東南アジアに至るラインが、私の食事の好物である。タイカレーもうまいしね。

料理は構造

先のカレーの作り方もそうであるが、料理は構造や段階がある程度決まっていて、その段階ごとに何を入れるかで見た目や味が変わる。

とはいえ、基本的に同じ工程でヴァリエーションがあるだけなのだ。先に述べたように、トマトの代替物としてほうれん草でもいい。というかチキンカレーという名前ではあるが、これ、タジン鍋で作っていれば、チキンタジンだったりする。入れるスパイスがちょっと違うだけだ。

もっと言えば、煮物は基本、同じような構造である。最初にスパイスを炒めるのが、日本の煮物であれば出汁をとるということと代替可能だ。ある程度の段階が決まっており、その総体が構造である。その構造を理解してしまえば、料理はそんなに考えずにできるようになる。それがわかった時に、私天才なんじゃないの、なんて思ったりしたが、料理人はもちろん、台所に立っている多くの人は、そんなことすでに気づいているんでしょうね。ごめんなさい。

私が言うまでもなく、もっと洗練された仕方で展開している先人がいらっしゃる。レヴィ＝ストロースという文化人類学者だ。この人、長生きしまくって、一〇〇歳まで生きた、知の巨人だ。暫定一位の私の好きな思想家だ（たまに同じ文化人類学者でもピエール・クラストルが一位になったりもするし、エリゼ・ルクリュという地理学者が一位になったりもする）。いずれにせよ、レヴィ＝ストロースが料理の構造について『神話論理』なんかですでに書いている。実は私は彼の著作を読む前に、このことに気づいたので、レヴィ＝ストロースより偉いはず。えへん。

　で、私よりは偉くないレヴィ＝ストロースは、本当のところ私より偉いので、もっとすごい分析を加えている。「**料理の三角形**」というものがある。「生のもの」を頂点に「火にかけたもの」「腐ったもの」がそれぞれある三角形だ。自然にある「生のもの」に、文化的な変換をかけると、それぞれ「火にかけたもの」と「腐ったもの」になっていく。「火にかけたもの」は、ここからさらに「焼いたもの」と「煮たもの」に分類されていく。先のカレーは「煮たもの」である。この「煮たもの」は、もちろん火がなければならないし、水がなければならないし、器がなければならない。そう、人間による文化的な手が加えられてはじめて料理となるのだ。

　自然と文化みたいな二項対立をはらみつつも、それらがないまぜになっていくことをレヴィ＝ストロースは述べるのがうまい。もちろん、ここでの「文化」とは手仕事というか人間の幅広い知性によってなされる領域のことだ。科学だって文化の一つかもしれないが、科学は再現可能性といって、いつでもどんなことでも、ある一定の条件さえ満たしてさえいれば、何度でも結果は再現が可能なものである。それに対して文化事象の多くは、再現可能性がなかったりする。再現は可能ではあるかもしれないが、その都度その都度、まったく異なる出来事が実現する。ミュージシャンのライブなんかは、同じ曲をやっていたとしても、「伝説の」カーネギーホールのライブがあったりする所以である。

科学的な料理なんてものがあるかどうかはわからないが、ファストフードなんかはそれに近い。どの店舗でオーダーしても、同じ味。それに対して、ここで述べられているのは、料理のレシピは同じでも、作る人によって、ちょっと違ったりする、というものだ。これをブリコラージュと言ったりする。科学の担い手は科学者や技術者であるが、ブリコラージュの担い手はブリコルールといって職人みたいなものだ。レシピとは、つまるところ、構造というわけだ。それが実現されるにあたっては、その環境によって、その作り手によってちょっとずつ変化している。この手法で、料理だけでなく、レヴィ＝ストロース先生は神話やら民族誌やらを読解し、分析をしていく。その手さばきは本当にすごいので、ぜひ、読んでいただきたい。大きくなったら、レヴィ＝ストロースになりたいくらいだ。

＊

で、その構造とやらには、象徴的な意味があったりする。

トーテムなんかがわかりやすいだろうか。カンガルー氏族というオーストラリアにいるトライブは、自分たちをカンガルーの仲間だと考えている。もちろん、生物学的には違うのだって知っているが、アナロジカルにそうだと考えているのだ。だからカンガルーは仲間なので、その肉を食べたりしない。友達を食い殺したりなど決してしないのだ。

あとは、何族だったか忘れてしまったが、ある部族は、「双子は鳥である」なんて思考法を行っている。これもアナロジーだ。どういうことかというと、双子なんて、めったに生まれない。だから双子を神聖な存在とみなす。神聖だから、精霊の領域というか天の領域に近いものと考える。だけれども双子は大地に存在している。人間の子どもだ。現実にいながらも天に近いということで、中間的な状態に位置した存在だとみなされているのだ。

じゃぁ、鳥の方はというと、鳥も現実に存在しているが、飛ぶ。それゆえ天に近い。これまた中間的な状態に位置した存在として考えられている。双方ともに、中間的な状態に位置している存在として処理されている。だから、双子は鳥なのだ。そう、アナロジーで人は存在同士を結びつけていく。同じ象徴的な位置に存在しているがゆえに、この時、イコールで結ばれるのだ。

人間はロジカルにもアナロジカルにも思考できる。

科学はロジカルなものであり、その一方でそれ以外の文学や詩や、ともすれば日常会話の多くはアナロジカルなものだ。ともすれば、人間の思考は多くの場合アナロジカルに成り立っていると言っても過言ではない。もちろんロジカルな思考法も大切なのだが、それだけが人間の絶対的な思考法なのではない。AIはロジカルな思考を展開できるし、ともすれば、人間よりも処理速度が速い。しかし、アナロジカルにはどうだろうか。ある程度プログラミングすることもできるだろうし、学習理論なんてもので、次第に人間のアナロジカルな思考法に近づくことはできるかもしれない。それでもなお、人間のアナロジカルな思考法は、AIとはまったくもって異なる位相にあり続けるのは間違いなさそうだ。まぁ、これは本題ではないので、象徴の話に戻ります。

象徴が織りなす意味のなかで、それぞれの存在が形状やらは若干異なっていたとしても、その含意が同じになることがある。先の双子と鳥はまさにそうだろう。卑近な例も挙げておこうかな。

東京の芝公園付近の土地に増上寺がある。増上寺のお墓は大きい。お墓はこの世とあの世をつなぐ場所である。あちらの世界とこちらの世界をつなぐ場所だ。増上寺自体は古くからあるが、その付近に戦後東京タワーができた。東京タワーはちょっと前まではアナログテレビ放送の電波塔であり（現在でもラジオの電波塔としても使用されている）、これまたあちらの世界とこちらの世界をつなぐものだ。構造としては「あちらの世界とこちらの世界をつなぐもの」であり、実現した際には、墓だったり、タワーだったり、別々のものが存在する（フランスのエピステモローグと呼ばれる哲学者たちは、これを「切断」と呼んでいる）。

フーコーはこんな感じの話を『監獄の誕生』という本で、近代以前と以降との区別をしながら、「刑罰」をめぐって、大量の資料を紐解いて説明しておる。フーコーもなかなかやるのだが、私の方がフーコーよりももしかしてむっちゃ分かりやすい構造主義の説明になっている気がするんですけど、どうでしょう。私って、やっぱりフーコーやレヴィ＝ストロースより偉いんじゃなかろうか。えへん。

＊

で、象徴について、料理と合わせて、面白いことを言っている人がいる。

イヴォンヌ・ヴェルディエというこれまた文化人類学者だ。彼女は、フェミニズムと文化人類学を研究しており、とても面白い文章を残している人だ。レヴィ＝ストロースが先の『神話論理』の中で、料理民俗学とでも呼ばれるようなものを少し展開しており、このヴェルディエもまた展開している。料理が構造だということを、ヴェルディエはレヴィ＝ストロースから継承しながらまったくもって同じ仕方で論じていく。それに加えて、料理とセクシュアリティ、もっと言えば、食べることと性とを密接に感じて生活してきたトライブの事例なんかを出してくる。

食べることは、他の異物を自分のところに取り入れることであるが、セックスもそうだ。キスで唾液や舌を出し入れするし、性器もそうだろう。で、ヴェルディエが分析しているのが、結婚式の際の料理についてだ。

結婚は、多くの場合は異なるトライブ同士の人間が一緒になることである。で、その結婚式の晩餐の料理の献立表の料理名が面白い。なかでも低地ノルマンディ地方でのその晩餐会の料理名には「気持ちよいことをもう一度」なんてインゲン豆の料理がある。他にも「無口な谷間」とか「草むらに長い棒」とかそんな料理名がある。そう、卑猥なのだ。下ネタである。そうした仕方で冗談として食べ物をセックスの象徴のように見立てて料理を名付けている。猥談でその宴会に華を添えることにもなるだろう。もちろん、これは場所や人を選ばねばならないだろうし、その都度、その環境で臨機応変におもしろ話を、下ネタではなく、他の話に変えたっていいだろう。これまた構造の変換だ。

ヴェルディエは何を言いたいのかというと、そう、食と性とが象徴的につながっているということだ。食べる行為を通じて、異物を体内に入れて、ものによっては自分の活力にする。これもまた余裕のなせるわざであるだろう。セックスも異物をものによっては取り入れる行為だ。それを生きる活力にすることもあれば、ともすれば新たな生命を生み出す。ピロートークで盛り上がることだってあるだろう。

セックスという自然や野生の領域を、婚姻という文化的な枠組みへと変換していくことは、食と同じだ。食材という自然や野生の領域を、火や器などの文化的枠組みで料理という文化的な領域へと変えていくこと。『古事記』だと口といった食べ物を取り入れる部位だけでなく、耳や目や鼻、ともすれば陰部や尻などの穴という穴に、粟や蚕、麦や大豆など、食料や私たちの生活に欠かせないものが生育していくなんて話もある。この辺の日本の事例については、赤坂憲雄『性食考』（岩波書店）に詳しい。これまた面白い本だ。

いずれにせよ、まったく異なる存在同士がその存在のあり方としては矛盾しつつも、それらが一つになることで、新たな活力や新たな生を生み出していくという点で、セックスも料理も同じ象徴的な意味合いを帯びているのだ。これらは人間にとって極めて重要なあり方であるだろう。

こんな言い方をすることもできる。

収穫された作物は、その土壌から引き剥がされた時点で死んでいく。そうした死んだ存在を、生きた私たちが取り入れることで、さらに生きていくことができる。死と生といった矛盾した存在同士が一つになることで、新たな生が生まれていくのである。なんだか、哲学研究者みたいなことをたまには言う私。えへん。

第5章

旅行

ぶっ飛んで日常をずらす技法

はじめに

コミューン生活もいいのだけれども、たまには逃げ出したくなるときだってある。

東京出身で殺伐とした二ュータウンで育った身としては、この当時住んでいたコミューンで、近隣の友人たちと、バーベキューしたり、地域のいろんな話し合いをするということ自体がとても新鮮なことだった。隣近所に誰が住んでいるのかさっぱり分からないよりも、野菜とか果物をくれる近隣の人がいる方が、暮らしやすい。生活の知恵を共有できる人がそばにいた方が暮らしやすい。

とはいえ、家にいる時間が長いと、なんだか、スランプに陥ったりすることだってある。沈思黙考できるときはいいのだけれども、なんだかんだ、知り合いが家に頻繁に来たりして、落ち着かないこともある。他者との距離はとても重要だ。もちろん、基本的には放っておいてくれるのだけれども、結構なテンションで原稿に向かっている時に、遮られたりすると、むかっとしないわけではない。いったん遮断されるとなかなか再び集中するまでに私は時間がかかる性格だ。

もうこうなったら、熱めのお茶だ。意味深なシャワーだ。じゃなくて、家出だ。旅行だ。旅に限る。心機一転するしかない。

そう、自分が今住んでいる地域からちょっと足を延ばすだけで、いつもとはぜんぜん違う気分になることだってある。いつもの景色とは違うそれを見ることができる。旅行に出ることで、思考が別の回路を通じてチョッケツしたり、ちょっとした気分転換にだってなるのは、いつだってそうだ。しかしながら、旅行にお金はつきものだ。私にはお金がない。ちょっと前まで年収は六〇万円だった。二〇一八年頃には二〇〇万円を超えたものの、そこから保険だの市県民税だの引かれたら月一〇万円ちょっとで生活せにゃならん。

貧乏暇有り。でも、旅行くらいしたい。時間はある。さて、どうするべきか。とにかく、えいやっと行くしかない。もちろん貧乏旅行だが、要は住んでいる場所から離れるだけで良い。できれば一泊二日以上はしたい。なので、貧乏旅行でしかないのだが、お金というか旅費だけでも、他の人たちにお願いしてみちゃうなんてことをしてみてもいいのではないか。案外、自分に会いたい人だっている。こんな偏屈な私にも会いたい奇特な変な方というのは国内外いるもんだ。だから、会いたいね、うっふん、なんてメールでやりとりしている中で、交通費出してよ、うっふん、と言ってみるのも無駄ではない。そう、ねだるのだ。なんだかんだ、なんとかなる。そんなこんなで、これまで金はなくとも、それなりに旅行はしてきた方だ。今回はそんな話。

どうせ旅行をするなら、個人的な趣味嗜好に合わせて行ったほうがいい。

私はディズニーランドにもUSJにも一切興味はないので、レジャーランドへの旅行は行かない。じゃあ、何をもってレジャーかといえば、旅行先の地域の歴史だったり、そこにいた人物に思いをはせることが第一だ。さらに絞ると、そのご当地の面白人物だったり、もっと言えば、革命運動なんかに関わっていた人物だったり、そんな人物たちゆかりの場所に行って、思いをはせるのが大変楽しい。さらに絞るとすれば、近代化の流れの中で、時節に抗うように振舞ったり、逃げ出した人たちにたまらなく興味をそそられる。

近現代史だけではなく、古代史もいい。古代史に関しては、わからないことが結構あって、いろんな妄想が膨らむ。これまた（前章に続いて）文化人類学の出番だったり、もちろん歴史学や考古学の出番になる。人によっては、中世に思いをはせたり、鎌倉時代だったり、江戸時代だったり、いろいろだろう。別に国内に限らなくてもいい。アメリカ南北戦争かもしれないし、パブロ・ネルーダがいた頃のチリでもいいし、ケルト紋様の誕生地でもいいし、ドゴン族の神話でもいいかもしれない。

まぁ、ようは、知的欲求と結びつく場所だと、なお、良い。そもそも学校の語源であるスコーレには、暇とか余暇なんて意味がある。もちろん、単なる暇な時間のことではなく、自分で積極的に楽しむための時間であり、そこに、研究とか勉強が入り込んでくる。貧乏スコーレあり、なのである。

個人的な趣味嗜好にいろいろ付け加え、研究対象になっている人物やら歴史に思いをさらにはせるために、本格的に研究旅行をしてしまったって良いだろう。研究旅行の場合、ご当地の研究者に会って意見交換をしたり、ご当地の資料館やらに行って文献収集をする。もう鼻血出まくりで、楽しい。場合によっては、学会や研究発表ということもあるし、ともすれば、書店やらのスペースで講演という感じで喋るなんてのもある。要は、自分の趣味志向にあった仕方で、地元を出て、数日から数週間、出かけていくのが、ここで述べる旅行だと定義しておこう。ああ、なんだか、旅に出たくなってきた。ぼくらが旅に出る理由。

いろいろな旅行

おそらく初めて旅行に行ったのは、小さい時の家族旅行だろう。

それぞれの育った環境によって、ぼんやりと、行く地域なんてのは決まっているのではないか。同じ東京の郊外出身でも、北のほうに行く人、南のほうに行く人、いろいろいるだろう。私が育った環境だと、なぜかよく行ったのは、箱根とか熱海とかである。箱根だと小涌園なんて温泉があって、子どもも遊びやすい。確か水着ででっかい温泉に入るんだったっけ。あと富士屋ホテルとかいう洒落乙なホテルがあり、ジョン・レノンがどうこうとかで連れて行かれたことがあった。

このころはバブルが崩壊する前で、私が育った環境も、まだ裕福（?）だった頃。しまいには、沖縄旅行なんてプチブルの極みみたいなことをした記憶もある。そこで初めて泳ぎを父親に教わって、泳げるようになったりもしたものだ。それも甘い過去の話。

バブル崩壊後、設計関係の仕事をしていた父は借金やら保証人やらをやらかして、とても個人で払えるような額ではない借財を抱えた状態に陥り、そのあたりから家に取り立てやら、ヤクザやら来るようになり、家の電話が盗聴されたり、いろいろあって、結構怖い思いをした。もちろんこの頃には家の人たちと旅行なんて行けるはずもなく、家庭環境も崩壊し、母子家庭となった。もうこの頃のことはあんまり思い出したくない。両親は顔を合わせれば大喧嘩。家はぐちゃぐちゃ。幼い妹は泣き叫び、私はどうすることもできず、自分の部屋に閉じこもっていた。ぐったり。

で、時は経ち、今じゃ雑誌のカヴァー、そこらじゅうで幅、きかすDON DADA。じゃなくて、時は経ち、高校時代。前にも書いた通り、ちょっと労働なんかしてみて、お金を貯めることができるようになってきた。

じゃ、どうするか。基本的には、毎日の食費やら交通費やらの支出ばかりだったが、ちょいと稼げれば楽器の機材買ったり、みんなでライブしたり、時に映画を撮ってみたり、悪巧みをするためにお金は使っていた。そんななか、一度、旅行に行ったことがある。当時付き合っていた彼女と、熱海に旅行に行ったのだ。彼女は年上で、大学受験終了し、無事大学へ春から行きますよ、なんて時期。私はまだピチピチの生意気盛りな高校生。

まぁ、旅行したとて、高校生なので、特に美味い飯食うとかでもないのだけれども、それなりに美味い飯を食べて、散歩なんてしちゃって、熱川バナナワニ園になぜか行ったり、河津桜まつりに行ってみたり、なんて感じ。可愛いもんだ。そんな一泊二日の愛の逃避行であっても、あまり良い印象を常に持つことがなかった実家を離れて好きな人と旅行できるのは望外の幸せでありました。るんるん。

それだけではない。友人たちとプチ旅行なんてのもするようになっていた。まぁ、日帰りだけれども、高校生くらいになると移動距離が次第に長くなっていき、鎌倉に行ったり、横浜に行ってみたりするようになる。横浜で、根拠などまったくなく、誰にも絶対負けねぇ、とガン飛ばしまくって歩いていたら、当然のように、お兄様たちに絡まれて、一触即発に相成りました。そこになぜかアフリカ系（?）の超強そうなB－BOY風ファッションのお兄さんがやってきて、yo! メーン、怒るじゃなくて、飛んだほうがいいよ、なんて諭されて、謎の液体を買わされる始末。横浜のお兄さんたちと一緒に即座にぶっ飛んで、そのまま解散。そんなこんなのよく分からないシュールな出来事もありつつ、まぁ文字どおり、ぶっ飛んだ（強調しておきますが、当時は合法だったものですよ）。

とにかく、普段暮らしている日常から逸脱して、ぶっ飛んで、思考や身振りをずらしていくことが旅行では可能になる。そしてそこで得た思考や身振りは、日常でも使えるものだったりするので、旅行はするもんだな、と思う。

アナキズムもその存在のあり方は似ている。闘争の際に正攻法で敵と対峙するのではなく、正攻法とはずれた仕方で対峙する。もちろん法的に云々とか、交渉で云々とかも大切なのであるが、それだけではなくて、ぶっ飛ぶ。つまり、法の抜け穴を探し出したり、交渉もサインを送り合って話をずらしたり、デモのルートとは違うルートからいきなり襲いかかったり。**整備された方法とは違うやり方で、土壌をずらして、戦うのがアナキストたち**なのだ。

だから、アスファルトや敷石を剥がして、つまりは整備された道をぶっ壊して、それを武器に戦うのだ。イギリスの環境系のアナキストたちが戦ったやり方はまさにそうで、ある地域の緑を守るために、資材を運ぶ道路のアスファルトを剥がし、文字どおり、土壌をあらわにし、そこにさえ、緑を植えていくなんてことをやっていったりもした。いずれにせよ、日常や、当たり前だと思い込んでいたものから、ずれていくことで、私たちの別様の思考や身振りを獲得していくのが旅行であり、アナキズムであるのだ。そうか、旅行とはアナキズムだったのか。

もうちょっとお勉強的な旅行

学部時代に、サークルの友人たちだけでなく、学外の友人たちも引き連れて、みんなで南方熊楠巡りをした。大学の公認サークルだったので、旅費は捻出できる。お得。サークルとか部活は有効に使いましょうね。特にお金。学校は福祉施設だと思うべし。シャワーだって、プールだって、ジムだってあるし、図書館だって、トイレだって、ダラダラできる部室もあれば、好きな授業だって参加できるし、仲間がいれば研究会だってやれちゃう。DJブースもあれば、ドラムセットやアンプだってあるし、麻雀セットだってある。こんな風に考えれば、大学は最高だ。

それはそうと、南方熊楠巡りだ。

領収書の管理やらは得意な友人に任せつつ、はたまた時刻表やら乗り換え案内もそれが得意な友人に任せつつ、私は南方熊楠の勉強会を事前にレジュメ切ったりしつつ、合宿というか、なんというか、みんなで旅行に行った。領収書の管理をしていた友人は弁護士になるとか言っていたが、その後どうなっただろうか。気になるぜ。徳ちゃん元気かい。

時刻表やら乗り換え案内が得意な友人は今や、なぜか、とんかつ評論家になっている。かつとんたろうという名前で、なんだかいろいろ書いている。前にも書いた太田という今では日本哲学を研究している友人も一緒に旅行に参加していたし、別の大学だったが、私がやっていたバンドのメンバーだったVIDEOTAPEMUSICも一緒にいた。この旅行中は、ビデオテープじゃなくてカセットテープを持ってきていた。

今思えば謎すぎる構成員で和歌山の南紀に向かった。南方熊楠の自宅にお邪魔させてもらったり（当時はまだ整備中だったのにもかかわらず家に入れてくれた）、熊楠のパートナーだった松枝の実家だった闘鶏神社に行ったり、もちろん南方熊楠記念館に行ったり、熊野那智大社に行って、護摩を焚いてもらったり、博覧強記の人物に近づくために、みんなで旅行した。この時だったか忘れたが、「精神世界の六本木」（by細野晴臣）である天川村に行ったりしたこともあった。

＊

それで味をしめたので、いろんなご当地にいる面白人物の軌跡を訪ねていくことを、一人でやったり、複数人でやったりするようになった。

北は北海道から、南は九州まで。時折、朝鮮半島やヨーロッパ、そしてアメリカだ。ただの観光じゃつまらんので、そのご当地にいる面白人物を訪ねていくことで、ちょっとずれた仕方で観光に行くことになる。福岡に住む前に、頭山満という右翼の大物に詳しい謎のおっちゃんを訪ねて行ったこともあった。生意気なことを言って怒られたりもした。その時に、実は、この頃住んでいた地域の神社のことを教えてもらったりしたのだった。そんなこんなでだんだん自分の傾向性を見てみると、だいたい古代史か近代史、あるいは、現代でも革命や抵抗運動に関わった感じの人物を探ることが多い。

で、国内だけでなくて、国外にも行った。近いところだと釜山。あとはロンドン、パリ、ジュネーブ、ローザンヌ、ベルン、ベルリン、ニューヨークである。

釜山は、福岡からフェリーで数時間。飛行機で行けば数十分である。まぁお金はないので、お得便みたいな高速船を予約。朝一の船だと三〇〇〇円（数年前まであったのだけれども、今はないみたい……）で行けたりするので、お手軽だ。そう、福岡と釜山は近いのだ。

で、よく東アジアをフラフラしている江上賢一郎という友人が福岡にいるので、その彼を無理やり連行し、いろいろご当地の面白人物を紹介してもらい、会って、飲む。釜山にはAgitというスペースが当時はあった。当時は、廃園になった幼稚園を占拠して、そこでレジデンスをしたり、スタジオを作ったりして、音楽やアート系の抵抗拠点にもなっていた。残念ながら強制立ち退きで別のところに引越し、さらにそこからも立ち退きを命じられ、今は無くなってしまった。しかしその後もその界隈の連中がいろいろスペースを作ったりして、悪巧みは続けているようだ。

パリは以前にもちょろっと書いたので割愛。ロンドンは、デヴィッド・グレーバーさんなんていう人類学とアナキズムを研究している人がいたり、それでなくとも、さまざまなソーシャル・スペースがあって、彼らと交流した。パリやらロンドンでは、研究費をどうにかゲットして行ったので、実質タダである。もちろん、きちんと、そこで交流したり、資料を集めたものは、論文やら研究に資するものであることはお断りしておく。

他にも、なんとかしてねだった研究費で行ったところに、ジュネーブやローザンヌ、ベルンがあるスイスがある。ベルンにはもともと学生時代からの友人が住んでおり、その友人もアナキスト。いろいろ面白いイベントを企画して生業にしたりしている。ジュネーブとローザンヌは、特に、一五〇年前のアナキズムを考える上でも大変重要な都市である。

そんな中でもローザンヌには、アナキズム文献センターというのがあり、世界各国の貴重なアナキズム資料が収蔵されている。もう私にはヨダレだらだらの場所である。ヨーロッパ語圏のものだけでなく、日本や中国のものまである。すごいのは、ここ、個人でやっているということ。もちろんドネーションでも成り立っているのであるが、書籍や新聞記事の管理なども大変見やすい仕方で管理されている。ここの兄弟という感じで、日本にも静岡の富士宮にアナキズム文献センターがあり、ここでは日本語圏の書籍などが充実している。

ベルンに至っては、スイスの首都なので、どうせヒップな店しかなかろうと思いきや、バクーニンが最後に過ごした土地でもあり、彼のお墓があったりもするし、なんとベルンの中心地の駅前に、世界最大級のスクワッティング・スペースがあったりもする。ライトシューレという場所だ。ベルンの駅まで徒歩三分くらい。ヒップどころか最高に面白い街だと思う。歴史も面白いし、同時代も面白い。

このライトシューレ、名前の通り、元乗馬学校で、というか厩舎で、とても巨大な建物だ。今はグロセハレとか、ライトハレなんて呼ばれたりもしているスペースだ。そこには、カフェやレストラン、演劇会場やコンサートホール、映画館、レジデンスができる宿泊施設まである。またこの宿泊施設の部屋割りも男性用と女性用だけでなく、ＬＧＢＴＱの部屋割りまであり、ゴイゴイスー。印刷所もあって、出版業も兼ねている。この出版関係に友人がいて、ちょこちょこ連絡を取ったりしているのだが、もう、場所まで得た上に、自分たちで仕事まで作ってしまっている。経済圏を確立させているあたりは、本当にすごい。尊敬する。

スイスのやんちゃな左翼の溜まり場なので、たまに右翼の馬鹿どもが襲撃に来たりする。だけれども、アナキストもいろいろいて、いわゆるモヒカンで、全身タトゥー入ってて、ものすごい武闘派の人もおり、そんなお兄さんらは、右翼が来ても、速攻でぶん殴って撃退する。私ももっと鍛えないと、と思いつつ、ボクシングやら、筋トレに励んでいる。もう、ここに住みたい。しっかりインフラも整えつつ、警察は絶対に入ってこないという暗黙の了解まで勝ち得て、自治圏はもちろん経済圏までができているのだ。最高。

あとはベルンじゃなくて、ベルリン。ドイッチュラントの方です。私が行った数年前、再開発真っ只中、つまりはジェントリフィケーションやりまくりの時期だった。東西ベルリンが一緒になって、旧東ベルリンの建物が耐用年数オーバーでガタがきているとかいう謎の言いがかりをつけられて、ガンガン建物がぶっ壊され、新たに大企業の建物を建設している最中であった。超最低。そんな中、追い出されてしまってはひとたまりもない、ということで、強制立ち退きの後も、その場所にい続けて、なんとか生活をやりくりしている友人たちがいて、そこがどげん状態でやりくりしているのか聞きに行った。フィールドワークちゅうやつだ。

そこには知恵が満ちていて、上水道やら下水道やらもなんとか整備して、住める状態にしてしまう。問題（?）なのは、ちょっとでも空家や空き地が出ると、ロマの人たちがわーっと押し寄せて、彼らとどうやってやり取りするかというのが課題。実際に、友人たちがオキュパイした場所が、数日間目を離したすきに、ロマの人たちが数十世帯押し寄せて、さらにオキュパイされてしまったなんてことがあった。たまたま私がその場所に案内してもらって行ったのだが、交渉現場に参加させてもらったりもした。なんとかお互いうまくやりましょうねという状態に持ち込む交渉の現場で、なんというかピンと張り詰めた、なんとも言えない、生存がかかった切実さを肌で感じた。

最後にニューヨーク。これは残念ながら自腹で行ったのだが、一度、ニューヨークは行ってみたかったので、ないお金はたいて行ってみた。二〇一七年のちょうど九月一一日前後で、なんだか警察が多くてものものしい感じではあったが、それでもなお、オキュパイ・ウォール・ストリートの後のニューヨークのアナキストたちがどげん状態か、これまた肌で感じたかったのだ。オキュパイで出会った活動家たちが、それぞれゆるゆる分裂し、傾向ごとに皆でソーシャル・センターを作ってゆき、各々で活動している時期だったのだ。モヒカンでマッチョな人たちのスペース、より理論系・研究系の人たちが集まっているスペース、農作業もしつつ理論的な作業もしている人たちのスペースなどなどだ。

その最後の人たちのスペースの界隈でお世話になったのだが、彼らは本屋をも拠点として運営していた。その本屋はカフェ・スペースもあり、もちろん、アナキストがずっとたむろしている、というわけでもなく、地元の人たちがゆっくり本を読んだり、パソコンを持ってきて作業したり、学生がレポート作成していたり、とても良い雰囲気だった。場所もクイーンズとブルックリンの境で、落ち着いた場所。日本だと、街中でないとカフェなんて成り立たないが、そうした落ち着いた場所にあっても、本屋兼カフェは経済圏を作っていた。うーん、羨ましい。

最近の旅行

そんなこんなで、行くからには、そこのご当地の面白人物を訪ねて、面白スポットに行く。最近だと、学部時代の先輩がおかしなことになっているので、彼のもとに行ったりした。山形は鶴岡だ。以前、修験に行ったことを書いたと思うけれども、その先輩こと成瀬（正憲）さんは大学を出てからいろいろ紆余曲折ありつつ、山伏になってしまった。山伏といっても、現金収入は稼がにゃならんので、出羽三山の山菜を取ったり、おえ草履《ぞうり》という民芸品ばりの草履を地元のバァちゃんから教わったりして、それを作って販売したりしている。

大学卒業してから連絡はとりつつも、物理的に離れており、あまり会えなかったので、会いに行った。会いに行った際の交通費も、友人たちが非常勤講師を務めている山形の大学のゲスト講師で呼んでもらって（栗原康さんや五井健太郎さんが教えている東北芸術工科大学というところね）、なんとかクリア。もちろん授業を展開して、学生と交流しつつ、やることはしっかりとやって、翌日は、山伏になっちゃったその成瀬さんの家に向かう。

出羽三山や鶴岡には即身仏があったり、焼畑をまだやっていたりと、見所がたくさんありすぎてやばい。その成瀬さんは自宅を彼の友人たちと自力で作り始めたりしており、私以上に、狂った生活をしておる。山伏、家を作ってしまうの巻である。それも、An-architectureとかいう、現代思想みたいなのか何なのか、アナーキーとかけているのか何なのか、わけのわからんプロジェクト名を看板にして、ワークショップ形式でいろいろ催して、みんなで知恵を共有するなどとても活発だ。その先輩も好き勝手やっているからか、なんだか心の底で繋がっているソウルメイトである。

他にも船本洲治という伝説的な活動家がいたのだが、その活動家が焼身決起して四〇年経ち、そのイベントが広島であった。私は何の関わりもなかったのだが、どうしても行きたくて行きたくて、うずうずしていたら、広島の友人が交通費を出してくれて、きんさい、と言ってくれた。行ったら行ったで、イベントで登壇される方々の面白そうな話を聞こうと思っていたはずなのに、久々に会ったアメリカから来ていた別の友人と話し込んでしまい（この男、マニュエル・ヤンである）、結局、イベントの話は聞けずじまいだったりもした。とはいえ、うずうずしていると誰かが助け舟を出してくれることもある。嬉しいなぁ。

あとは、そんなにお金がなくてもいける近隣の旅行にちょこちょこ行っている。これは、研究云々は関係があったりなかったりする。以前にも書いた毎月恒例の山下陽光とヤマザキOKコンピュータと行く近隣の温泉旅行なんかはそれだ。家族、特に子どもがいると入りにくい飲み屋に入ってみたり、ひたすらバカな話をしながら車で移動して、温泉入って、しこたま飲んで、寝るというだけの旅行。そんな旅行でも、普段とは違う思考回路が働き、いろんなひらめきがあったりするし、この友人たちからいろいろな気づきを与えてもらっている。

＊

最後に、地元でもある種の旅行気分を味わえる話でも。

ピーター・ラインボーという歴史学者が「地域をディグると、民衆史が見えてくる」なんて言っているのだが、地元の歴史を掘るだけで、実はとんでもない歴史が見えてきたりもする。

前にも書いたように、今住んでいる地域には頭山満が頻繁に来ていた神社があり、彼が残した書が鎮座しておったりする。それだけではない。もっと時間軸スケールを変えてみると、二〇〇〇年くらい前から、鎌倉時代まで、中国大陸の人たちが九州に来てまず立ち寄る宿坊が、私が住んでいた家の真裏にあったことが最近わかった。

今は山の入り口に白山神社という名前でポツンと寂しい小さな神社があるのだが、実はちょっと前にはその本殿は山の頂上にあったようだ。三〇〇メートル前後の大きくない山の頂上にその本殿があり、その本殿周辺地域に、なんと三五〇もの宿坊があったそうだ。今となってはただの鬱蒼と木々が茂った山の中でしかないのだが、三五〇と聞くと、ここは一大拠点であったことがうかがわれる。首羅山《しゅらさん》と呼ばれるその山には、中国系の人たちのちょっとした街があったのだ。そう、我が家の裏山は中華街だったのだ。ニーハオ。小籠包が食べたい。今は神社だが、廃仏毀釈《はいぶつきしゃく》前は頭光寺という名で、なんと日本でも結構珍しい道教系の寺だったようだ。

海外から人が来ていた場所となると、相島という島がこれまた近所にあるのだが、そこは朝鮮通信使が必ず立ち寄ったりする場所で、朝鮮系の人たちはそこにひとまず滞在して、そこから貿易やら政治の交渉やらをしていた場所でもあった。大陸の入り口となる北部九州には、こんな場所がいくつもあるのだ。

で、首羅山の遺跡だが、国の史跡名勝天然記念物になっちゃったりして、なんだかものすごいものがあったのね、なんてことになっている。要は、なんの変哲もない福岡近郊の里山地域だと思っていたのが、東アジアの交流の一大拠点だったのだ。これだけで、地元の見方が変わる。どんな風に山頂まで山を登っていたのか、どこらへんに船を停泊させていたのか、そこから山までの道はどこだったのか、そんな妄想が膨らむと、古地図を図書館にいって見始めたりして、この辺までは海だったのね、なんて確認しながら、地元を見る目が変わる。土壌がずれていくのだ。空間的に旅行をせずとも、時間を旅行することができてしまう。歴史の醍醐味だ。
私が個人的に大変尊敬している作家がいる。葉室麟さんという方だ。この方、小倉出身で、大学も西南学院大学という福岡市内の大学、最初に就職した先も北部九州の地元紙の記者で、のちに作家となったが、福岡の久留米に仕事場を構えていた方だ。一貫して九州を見つめていたと言ってもいいかもしれない。一度だけお会いしたことがあり、『アナキズム入門』（ちくま新書）でもバクーニンの章のところで、彼の小説を紹介したりしている。『星火瞬く』という小説は、バクーニンがシベリアから亡命する際に、船で日本に立ち寄ったのだが、ここから妄想を豊かにして、バクーニンが幕末の日本で暴れるという小説だ。それはともかく、この葉室さん、歴史に関する視点が鋭い。私がとても好きな視点を持ち合わせている。こんなことを言っている。

僕は歴史を地方の視点、敗者の視点から捉えたいと考えているんです。歴史は勝者の視点でつくられるのが常。でも、敗者であっても真っ当に生きた人たちがいて、敗者には敗者の意味がある。中央ではなく九州のような地方にいた方が、そのことがよくわかります。（葉室麟『曙光を旅する』朝日新聞出版、二〇一八年、一六九－一七〇頁）

東京の中にだって地方がある。

私が育った多摩・武蔵野地域にもさまざまな歴史が埋もれている。色川大吉の仕事を思い起こしてもいいだろう。身近には、横田基地があったり、ニュータウンがあったり、『平成狸合戦ぽんぽこ』があったり、いろんな話が埋もれている。東京の西側だけではなく、東側には山谷もあれば、今はあるかどうかわからないが、移民系ヤンキーの反グレ集団の巣窟の本部があったりもした。

それはそうと、葉室さんのこの言葉で共感できるのは、敗者だったり、民衆だったり、地方だったり、ともすれば忘れ去られてしまうような地域にこそ、面白い話が埋もれているのだ、ということに尽きる。それにちょっとでも触れることができれば、私たちは空間や時間を旅する面白さに触れることができる。そう、ぶっ飛べるのだ。このぶっ飛びから、『国道3号線——抵抗の民衆史』（共和国、二〇二〇年、買ってね！）なんて本だって書いてしまった。

空間だけでなく、時間も旅行ができることがわかると、なんだかとてもウキウキする。ともすれば、妄想をする、書籍を読む、映画・ドラマを見る、あとは酒やら何やらでぶっ飛ぶ。チャイでもいい。カレーでもいい。スパイスは私たちを遠くに飛ばしてくれる。その場にいながらも旅行ができてしまうことだってある。もちろん、逃げ出すことだって、大切だ。逃げ出すからこそ、現実がよく見えたりすることだってある。

いずれにせよ、ぶっ飛ぶしかない。

第6章

カネとリャク

この世の仕組みを考える

はじめに：七万円盗られた

旅行のついでに書いておきたいことがある。
カネとリャクの話である。

二〇一七年末に関西に旅行、というか、出張に行った際の話だ。その頃の収入は前にも述べた様に、年収六〇万円という生活状況。そんな状況であるにも関わらず、大阪ディープサウスで七万円盗られた。略奪されたのだ。業界用語(?)だとリャクだ。しかも能動ではなく、受動的なそれだ。

厳密には、七万数千円の紙幣と、往復のうちの復路の新幹線チケットが盗られてしまった。もう少し言うと、盗難の前日の行きしなにクレジット・カードで往復の博多・新大阪間の新幹線チケットを購入し（だいたい往復三万円支払う）、その夜大阪で二軒ほど飲み屋をはしごしてカラオケにも行き（安居酒屋なのと、一名有職者がおり、多めに出してもらったりして、だいたい五〇〇〇円くらい支払う）、翌日盗難にあい、財布に残っていたクレジット・カードで再び新幹線チケットを買って（これが一万五〇〇〇円相当）、ようやく福岡に帰ったので、総額一二万円の一泊二日の大阪旅行となった。なかなか高い。

というかそもそも私にはカネがないので、我が家の構成員（構成員は私とパートナー、そして子ども二人）がひと月近くは過ごせる額である。なので、私は、簡単に申し上げるならば、この時から、ひと月先を生きている。これは未来からの手紙だと思っていただいても構わない。どうも、未来を生きるアナキスト、森元斎です。

そんな私が盗難にあったのは、滞在先近くの大阪ディープサウスの銭湯である。「せんとう」と打ち込むと、まずもって「戦闘」と出てくる私のワード機能も、アナキストさながらである。大変優秀、よくできました。

で、その大阪ディープサウスと名付けられているその場所はというと、二〇〇八年に暴動が起こったり、うまくて安い飲み屋がたくさんあったり、どう見てもお前小学生だろうという狼少年のような髪型のガキ二名が全身赤いジャージを着用してジャンジャン横丁なる商店街を喫煙しながらチャリでニケツして蛇行運転している奴がいたりする、素晴らしい場所なのだ。日本にもまだ自由が存在していることをひしひしと感じることができる愛すべき巷。

お金のない私がそもそもなぜ七万円以上の紙幣を持っていたのかということが大問題だ。普段は財布に入っていても数千円。当時住んでいた福岡を出発する際に、パートナーから、はいこれ、と四万円ほど頂戴した。というより奪い返した。ちょっと前に四万円ほど貸していたのであるが、それが奇跡的に帰ってきた。ありがたく頂戴して、出張ではいずれにせよ、カネは入り用だろうと、ひとまず、新幹線の金券でも買う元手にでもしようと意気込んで博多駅へ向かった。

そう、金券は現金でなければ買えないし、一応出張費は出るのだが、出してもらえるからには、先方からしても、ちょっとでも安く済ませたいだろうし、そうであるがゆえに金券でも買っちゃろうかね、とその時は思ったのであった。で、近所の駅から可愛い二両編成の電車に乗って、博多駅に到着し、そこで新幹線の時間を調べると、なんと、京都のある大学で行われる会議の時間にギリギリであることに気づき、金券ショップによる時間がないことがわかる。なので、クレジット・カードで、ビジネスマンさながら颯爽と往復の新幹線チケットを購入し、新幹線に乗車。できる人間の鏡である。えへん。

無事京都のある大学での会議にも間に合い、出張費を精算して、往復分のおよそ三万円が私の財布に入った。これで千円札が数枚の状態に、万札が七枚という、私にしては、おそらく前代未聞の財布の状況と相成った。京都のある大学での会議ののちに、大阪にて別の会合があり、その会合を終わらせたのちに、そこにいた面々で夜の大阪に繰り出す。

といっても、皆、さしたるカネも持ち合わせていない。安い居酒屋を転々とし、最後はちょっとくらい贅沢しようね、とカラオケで二時間ほど（朝まで歌えるほどお金もみんな、ない）歌う。

「電話なんかやめてさ　六本木で会おうよ　いますぐおいでよ　仲直りしたいんだもう一度
カルアミールクでぇ〜」なんて、東京の西の郊外で育った私には、なんのリアリティもない岡村靖幸の歌を、六本木ではなく大阪（厳密には天満で）で、上機嫌に絶唱して、最後はディープサウスへ移動し、友人たちのアジトに潜り込み、就寝した。

翌日目覚めた私は、猛烈に戦闘に、あ、いや、銭湯に入りたくなった。友人と連れ立って、大阪ディープサウスの某銭湯に向かった。友人が銭湯の回数券を持っていたので、それを頂戴し、貸しタオルと石鹸のチケットだけ銭湯内の券売機で購入した。その時千円札で総額二百数十円のチケットを買ったので、お釣りがジャラジャラ出てきて、それらは財布の小銭入れに入れた。もちろん、ロッカーに財布含め、脱いだ服は突っ込んで、ロッカーの鍵も閉めた。そうこの時にはお札はあったのだ。

私は銭湯を愛している。ニューパブリックマネジメントなる悪辣な概念が最近行政でも広がっている。その悪辣ななんとかマネジメントとやらは、行政も民間と同じような合理化をはかり効率よく運営していきましょうね、ということをうたっているものだ。行政のやることとは民間のやることと基本的には位相が異なる。インフラや教育は民間的な意味での効率とは違ったもので動いているのにもかかわらず、そうしたところにも半ば民営化、あるいは私有化の波が来てしまっているのだ。それはともかく、そんなマネジメントとはほど遠いのが銭湯だ。だって、四六〇円払うだけ（もちろん銭湯も鋭意掃除したり、イベント打ったりして、営業努力はしているだろう）。そして私と友人は、裸で、でかい風呂に入り、ザブーン。たまに他の入浴者と、きもちいっすねぇ、なんて話ししたり、人生訓を頂戴したり、裸のコミュニケーションだって取れてしまう。オールドパブリックマネジメント。ただこの言葉が使ってみたかった。なんて良い響き。

いずれにせよ、いくら見栄えの良い服を着てようが、服を脱いだら関係ない。しかも大きいお風呂でグッと背筋を伸ばし、どんな人間もただひたすら弛緩する場所だ。銭湯代さえ払えば、皆平等。そこにはひたすら、人民の裸とホカホカの湯けむりが広がる。そう、たとえ刺青が入っている人がそこにいたとしても、私と彼は平等。とかなんとか考えていたら、刺青が立派に入っているおっさんがいた。大変かっこいい一方で、やはり、目とか合わせちゃいかんのかしら、とか思ってしまう。さすが大阪ディープサウス。ドキドキする。

友人といい風呂だったね、なんて言いながら、服を着て、ポカリスエットを買う。この時財布はもちろん小銭しか出す必要がない。だって、さっき小銭がジャラジャラ券売機のお釣りとして出てきたわけで、小銭がありすぎて財布がパンパン。むしろ困っているくらいだったのだから。

その後、銭湯近くで友人たちがやっている食堂があるので、そこに寄って、昼ごはんを食べた。そこもお勘定は小銭。ああ、うまかった、なんて言いながら、アジトに戻り荷物をまとめて、新大阪の駅に向かう。その途中、御堂筋線のある駅で切符を買う際にも、もちろん小銭。で、ここからである。新大阪に着いて、みどりの窓口で指定席でも取ろうかなと思い、財布をひろげた時である。チケットがあるべきところにない。紙幣があるべきところにない。

銭湯に入った時点であった紙幣とチケットがどこにも、ない。

しかし小銭はある。クレジット・カードもある。免許証もある。ないのは、チケットと紙幣。パニックに陥る。ポケットに何度も手を突っ込み確認しては、チケットも紙幣もないことを悟る。リュックもひっくり返すが、当然のように、チケットと紙幣は出てこない。一応スマホなので、とっさに銭湯の情報を調べると、そこには……ロッカーの鍵は合鍵を作られているらしく、しばしば盗難事件があるとのことだった。してやられた。

ここからは妄想であるが、もしかしたら刺青が入っていたおっさんが窃盗していたのではないかと思ったりしてみた。あれだけ人情の溢れる場所だ。誰かが他人のロッカー開けていたら、他のおっさんたちも注意くらいしそうなもんである。しかし他人のロッカーを開けている人の体に刺青が入っていたらどうだろう。誰も注意できやしないのではないだろうか。もちろん、妄想の域を出ないので、なんとも言えないが、そんな気がしないでもない。

とにかく、翌日福岡でも用事があるので、帰らねば、ということで慌ててクレジット・カードで帰りの新幹線チケットを購入し、帰路に着く。帰りの新幹線の中でも、興奮冷めやらず、何度も無駄に財布を確認し、紙幣の before after に思いを巡らせた。

歴史に「もしも」がないのは承知の上で、いろいろなありうべき可能性は考えた。考え尽くしても、もちろん戻ってこない。よりによって普段持ち歩きもしない、というかおそらく人生で初めて持ち歩いた七万円が一瞬で無くなるなんて……喪失感がないといえば嘘にはなるが、清々しい気分でもあった。

もし刺青の入ったおっさんであれば、まぁ、もういいか、という気分にもなる。だって「反社会的勢力」だったら、ともすれば、アナキストの仲間なんじゃないか、と思ったりしてみる。税金で取られるよりはよほどましだ。税金で取られた金は、原発作る費用をアシストしたり、オスプレイの購入費用にあてられたり、オリンピック開催に回されたり、最悪だ。

それよりも、何かしら国家権力に逆らう連中にくれてやった方が、まだましだ。あるいは何かの禊《みそぎ》だと思うしかない。これから素晴らしいことしか起こらない気がする。どうにもならないのならば、素晴らしいことを考える他はない。ひと月先の未来は案外楽しいものになっている。

カネとは何か

すべてのカネは借金である。

だから、七万円だろうが、盗られようとも、そんなに気にする必要もない（といえば嘘になる。嗚呼、七万円……）。日本円とて、日銀が発行しているのではない。造幣局なる怪しい団体が刷っている。そして当のカネは、信用創造といって、銀行が貸し付けたものがただ回っているだけなのだ。ちょっとここからカネの話でも。

まず「円」である。円とは、一時間や一センチと同じように、触れることができない、実体なき尺度である。となると実体を測る共通の尺度ではあるのだが、実体そのものではない。ということは、貨幣は実体の仮の姿であり、デヴィッド・グレーバー曰く「負債（debt）」となる。グレーバーはこう述べている。

そこで次の問いは当然、以下になる。貨幣が尺度にすぎないなら。それはなにを測定するのか？　答えは単純だ。負債である。一枚の硬貨とは実質的に借用証書（ＩＯＵ）なのである。世間一般の通念では、銀行券は一定の金額の、（金であれ銀であれ、なんであれ）「実質貨幣」による支払いの約束であり、約束であるべきである。それに対して、信用論者にとっては、銀行券とは金一オンスと等価値であるなにものかを支払う約束にすぎない。貨幣とは常にそれだけのものなのだ、と主張する。この意味で、一ドル銀貨、銅とニッケルの合金で金に似せてデザインされたスーザン・Ｂ・アンソニー一ドル硬貨、ジョージ・ワシントンの肖像が印刷されている緑色の紙切れ、どこかの銀行のコンピュータ上のデジタル・ブリップ――これらのあいだに、根本的な違いは存在しない。一片の金が借用証書にすぎないという考え方は、常に概念としては理解しにくいものである。だが、このようなことが真実であるのはまちがいない。というのも、金や銀の硬貨が使用されているときであってもそれらが金銀地金の価値で流通することは、ほとんど絶対にないからである。（デヴィッド・グレーバー（酒井隆史監訳）『負債論——貨幣と暴力の五〇〇〇年』以文社、二〇一六年、七〇頁）

日常的に私たちは、カネを実体的なものとみなしているし、所有することができると思っている。しかし**本当のところはそうではない**。モノを交換したりする際の共通の尺度であり、モノそのものではなく、あくまでモノの仮の姿である。だから、負債なのだ。

なんでこんなに流通しているのかというと、国家なるものの中央銀行の券ですよとお墨付きを与えているからである。勝手に国家の中央銀行が信用される前提になっている。国家を信用しなければ、貨幣など紙切れなのだ。硬貨など固めのメンコみたいなものだ。

というかそもそも「信用」というものほど怪しいものはない気もする。初対面の人から、私を信じてくれ、なんていきなり言われたら、だいたいドン引きだ。信用に値しない。しかしこの信用はどうやって発生してきたのだろうか。

こんな話がある。話の発端はジョシュアとヘンリーだ（前掲書、七〇頁以下）。ジュシュアがヘンリーに靴を送ることになっていたが、ヘンリーはジュシュアの好意に対して、何か同じ価値のモノを贈る約束をした。この時ヘンリーはジョシュアに借用証書を渡した。普通は、ヘンリーが何か同じ価値のモノを手にしてジョシュアに渡したならば、その借用証書はヘンリーの元に再び戻り、破り捨てるなり何なりして終わり。

だが、ここで、ジョシュアが、この借用証書を他の人に渡したらどうだろう。ジョシュアがシーラから負債をおっており、何とその負債額がヘンリーの渡してくれるであろうモノと同じ額。ここで、ジョシュアはシーラにヘンリーの借用証書を渡してことなきをえる。この借用証書はローラも他の人に対して使える。要は、ぐるぐる借用証書を流通させることができるのだ。終点は特にない。この借用証書が硬貨でも良いわけだし、紙幣でも良いわけだ。つまり貨幣はこうして流通している。もっというと、ヘンリーが、イングランド王のヘンリー二世だともっと巧妙な手口となる。グレーバーはこう述べている。

借用証書が貨幣としての役割をはたすのはあくまでヘンリーがみずからの負債を返済しないかぎりにおいてである。実にこれこそが、最初に成功した近代的中央銀行であるイングランド銀行設立当初の論理だったのだ。一六九四年にイギリスの銀行家たちからなる協会が、国王に一二〇万ポンドの融資《ローン》をおこなった。そのかわりに彼らが受け取ったのは、銀行券発行にかんする王室お墨つきの独占権だったのである。このことが実際になにを意味したかというと、国王が銀行家たちから借りている金銭の一部に相当する借用証書を、当の銀行家たちが王国の居住者——銀行から借りるつもりがあるか銀行にじぶんの金銭を預けるつもりのある——に融資する権利をえたということである。つまり、新たに生まれた国王の負債を流通させる、ないし「貨幣化する」権利である。これは銀行家たちにとってねがってもない取引であった（彼らは国王に最初の貸付に対する年利八パーセントを課すとともに、そのおなじ［貨幣化されたところの］金銭を借りる客にも重ねて利子を課すことができたのだ）。だが、それがうまくいくのはあくまでも元の融資《ローン》が未払いであるかぎりにおいてである。今日にいたるまでこの貸付けは返済されていない。返済日が来ることもありえない。もし返済されてしまったら、英国の金融システム全体が消滅してしまうだろう。（前掲書、七四頁）

そう、この世界に貨幣が流通しているのは、みずからの負債を返済していないからである。ほとんどの**貨幣は負債**なのだ。しかも、その負債は返済の予定などない代物だ。返済してしまえば、イギリスどころか、同じように制度設計されている中央銀行制度を有する国家の金融システムはほとんど破綻する。

当然のように、私たちがよく使う紙幣には、日本銀行券と書いてある。日本の中央銀行だ。貨幣の流通とは、中央銀行とは、こんな嘘みたいな前提で成立している。馬鹿らしいのがこの世の中の仕組みである。これは裏側でもなんでもなく、ただこういう仕方で成立している、ということだ。

リャクとは何か

そう考えるとカネを盗まれたくらいで、どうのこうの言ってもしょうがない。だってそもそも負債なのだから。大切な万年筆が盗られたとかではないし、研究に必要な書籍が盗られたとかではない、つまりモノではないから、ちょっと一安心である。とはいえ、やはり厄介なのは、モノがカネと結びついているというところだ。ここでは、モノについての二つの略奪という視点からカネと合わせて少し考えてみる。

まずカネと結びついた略奪について一つ目。先にも少し話したが、窃盗についてだ。ティーンで窃盗しておる輩は、皆で知恵を共有したり、盗品の取り扱い先を皆で情報共有する。もっと言うと、皆で飲んだり、バンドしたり、ＤＪしたり、ラップしたり、スケボーしたりするのがメインで、ただのヤンキーみたいな若造を想像していただければ嬉しい。

ある友人なんかは、新宿から府中まで帰るのに、京王線の終電がなくなったとかで、ギリギリ終電のあった中央線で国分寺まで行き、府中街道を南下するなか、府中街道沿いにある全コンビニでおむすびを盗むことで、みずからを鼓舞して夜中に帰宅するなんてことをしていた。あと、戦後ですか、というツッコミもあるかもしれないが、鉄線を盗んできた、みたいな話も聞いたことがある。あるいはなかには「チョッケツ」する連中もいた。チョッケツとは、ヤンキーがバイクや車を窃盗する際に使う技法である。スターターの配線をショートさせ、エンジンを起動する方法を指す隠語である。「盗んだバイクで走りだす」という日本では誰もが知る歌のフレーズがあるが、その盗むときに必要な術である。

で、盗品を売りさばくのだが、買い手も盗品だと知っているので、買い叩かれる。さしたる額にはならないが、時給八〇〇円でバイトするよりは、まだマシだ。それはそうと、私の家は貧乏だった。母子家庭だった。私の親友も母子家庭だった。またあるいは友人の親が新興宗教の熱心な信者であるがゆえに、まったく働いてないという世帯がいくつかあった。

親をあてにして生きてはいけない高校時代。しかし腹は減る。育ち盛りだ。音楽イベントするにしてもハコを借りるのにカネはかかる。またあるいは大学進学したいが、カネがないというので、窃盗でなんとか大学入学金を貯蓄している堅実な友人もいた。

いずれにせよ、どうにかして現金を獲得する必要がある。

九〇年代末の東京の西の郊外とはそういったところでもあった。ニュータウンといえば聞こえは良いが、実質はエレベータもない六階建ての当時築三〇年くらいのボロボロの黴くさい一室でゴキブリを大量に殺戮しながら、ボアダムスと宇川直宏のコラボレーションに興奮していた、戻りたいとも思わないあの時代。住居付近のコミュニティなどは高齢化で当然のように崩壊している。隣に住む人も、下に住む人も誰か知らない。顔を見たこともない。顔を見たとしても、つまり階段ですれ違ってもお互い挨拶すらしない。そうなると必然的に自分たちでコミュニティを作り出す。生きていける術を探す。そこで窃盗だ。リャクだ。それでカネを何とか稼いできた。

ある時、窃盗で友人が捕まってしまい、法で裁かれてしまった。それで、もう潮時かしら、ということで、皆辞めてしまった。そういえば、ちょっと前にイタリアでは、飢えに耐えかねてスーパーで万引きした人が無罪になったが、九〇年代末の日本では、そうはならなかったし、現状もそうだろう。

＊

もう一つ、あまりカネと結びつかないモノのリャクについて。もう少し存在論的な話である。農作業とその生産物を得ることは、専業農家とかではないかぎり、カネとは密接ではない。しかし、生には密接だ。つまり純粋な意味での農作業はカネとは関係がない。カネがあろうがなかろうが、食料を食べなければ私たちは生きていけない。

その際、何から何を略奪しているのかといえば、土から食料を略奪している。植物を略奪している。あるいは海から魚を略奪する。鶏からその命を奪うことで、それを食べる。つまり存在を奪うことで、**略奪することで私たちは生きることができる**。これについて存在論の哲学者ホワイトヘッドがこんなことを述べている。


こうして、すべての社会は、その環境との交互作用を必要とする。そして生きている社会の場合、この交互作用は窃盗という形をとる。……（中略）……しかし一般の善のためになろうとなるまいと、生命は窃盗である。この点でこそ、道徳が生命にとって、焦眉のものとなる。窃盗者は正当化を必要とする。（A・N・ホワイトヘッド（山本誠作訳）『過程と実在（上）』松籟社、一九八四年、一八〇〜一八一頁）

ちょっと難しいので説明も加えよう。

この直前でホワイトヘッドは博物館にあるような水晶と、動物園にいる動物の話をしている。いずれも収容されているという点で似てはいる。しかし両者の違いは、かたや無機物であり、かたや生物だ。結晶は他の社会にある要因を取り入れたりはしないが、動物は取り入れる。つまり食料を取り入れることで動物は生きる。その意味で動物は他の生命を破壊する。

生き物の社会とは他の生き物を取り入れることで成り立つのだ。だからその環境下では「交互作用」があると述べている。あるものは食べ、あるものは食べられる。これは「窃盗」だとホワイトヘッドは述べている。この時に問われるのが道徳だというのだが、そうではあってもやはり窃盗するものはその略奪行為を正当化するのが常なのだ。

私たち人間に焦点を当ててみる。

たとえば私は四つ足の肉は苦手ではあるが、鶏肉はよく食べる。鶏の命を、身体を、肉を略奪する。ヴィーガンならば野菜をメインに取り入れる。野菜とて植物であり、植物の生命を略奪している。カスミを食って生きるにしても、何がしかの物体（そもそもカスミってなんでしょうか）を取り入れていることになる。水とて、空気とて、そうだ。それらを地球から略奪して私たちは生きている。

おわりに：所有とは盗みである

最後にこれら二つのリャクを合わせて、プルードンの名文句について考えてみる。プルードンは「所有、それは盗みである！」と述べている。ホワイトヘッドはこのプルードンの名文句をパロったのであろうが、この言葉の中身はどういったものだろうか。この言葉の細かい話については以前、『アナキズム入門』で書いたので、もう少し別の角度から。

プルードンが言っていることは、だいたいこんなことだ。

普通は、持つ者と、持たざる者は矛盾している。つまり所有する者と、窃盗者は立場が異なる。しかし残念なことに、国家や資本家が、つまり所有する者が、私たち持たざる者から窃盗していく。税金でカネを私たちから奪い取っていくし、労働して稼いだカネを搾取して巻き上げていく。ほとんどの場合、リャクを実行するのは、持っている者だという。しかもその巻き上げたカネで奴らは肥えていく。私たちは疲弊していく。困った。だから普段私たち民衆同士で、奪っただの盗られただの言っている場合ではない。私たち民衆は、アナキストだろうが、反社会勢力の構成員であろうが、圧倒的にカネを吸い尽くされる存在なのだ。

我々は「99パーセントだ」という標語が二〇一一年のオキュパイ・ウォール・ストリートで叫ばれていた。そう、一パーセントの野郎どもが私たちを搾取しまくっているのが現実だ。実際、国際NGOのオックスファムの報告書では、一パーセントの富裕層が世界の半分近くの富を所有しているという。日本でも富裕層上位四〇人の資産が、日本の人口の半分と同じくらいの資産を所有しているのだとか。なんだか、私が窃盗するとか、刺青のおっさんが私から窃盗するとか、ただの内輪揉め程度のことにしか思えなくなってきた。大変馬鹿馬鹿しい。奪うべきは、所有者のカネなんじゃないか。カネ持ちからは、貰うもんはもらってやるし、奪えるもんは奪ってやる。そう思わざるを得ない。

困ったことに、カネがないとなかなか生きることができない世の中にしあげられてしまっている。しかしカネはそもそも負債である。あっても仕方がない。ないと仕方がないどころか、負債が減るわけだから、むしろ良い気もする。だからカネに関しては、適度に貰えるもんは貰うくらいの方策しかない。一方、存在論の位相で私たちの生を考えるならば、略奪せずして生きることはできない。私たちは生の基盤にリャクがあることになる。そこには、カネではなく、食料が存在している。この位相で考えると、カネはあろうとなかろうとあまり生に関係ない。とはいえ、食料はありすぎても腐るだけだ。しかし、ないと死ぬ。

カネを持つものから奪うことと、食料を自然から奪うことは、似ている。

持たざる者が、知恵を絞って、持つ者から、奪うことである。カネに関しては、奪うのは、持つ者からだ、つまり、資本家からだ、王族からだ、企業からだ、国家からだ。権力なんて、奪ってやったら、それは革命だ。食料に関して奪うのは、大変豊かにみえるこの地球からだ、つまり、土からだ、海からだ、山からだ、自然からだ。奪ってやったら、これも革命と呼んでもいいのではないか。

もちろん、自然も私たちが適度に介入してやらないと、大変なことになる。むろん、過度に介入したり、支配してやろうと思うのは論外である。いずれにせよ、こうなったら、もはや、革命しかない。いろいろこの辺のことを書きたいが、この本の中でも、中盤で、ちょっとは盛り上がるような話を書きたかったので、ここで、ひとまず。これがひと月先の未来からの手紙である。

第7章

音楽

music unites everything?

はじめに

私はフィッシュマンズが好きだ。ただし残念ながらライブには一度も行ったことがない（気づいたら佐藤伸治氏は亡くなっていた）。私はディアンジェロが好きだ。ただし残念ながらライブには一度も行ったことがない（東京と大阪までは来ても、福岡には来てくれない。長崎は言うまでもない）。私はロバート・グラスパーが好きだ。ただしライブには一度も行ったことがない（九州には当然のように来てくれない）。

音楽は生演奏を聴くのが一番だと思うが、スピーカーから聴くだけでも、いろんなところに思いを至らせることができる。思いを至らせずとも、ただ心地よい気分になることができる。ひたすら悲しい気分になることができる。感情を揺さぶられることがある。

高校時代の友人のバンドの曲をある時、口ずさんでいたら、突如涙がぼろぼろ出たことがあった。びっくりした。高校生の通学路のある情景が浮かんだのだ。それも、高校時代に自ら命を絶った友人をふと思い出し、涙が溢れてきたのである。

「自転車で　長い武蔵野の坂道を駆け抜ける」

という歌詞だ（ちなみに、今はもうない、ドナルズ、というバンドである）。

その亡くなった友人の家が、三鷹と調布の境目にある人見街道の坂を下りたところにあった（なかなかきつい坂だ）。その友人の家に行くたびに、その坂道を自転車で登ったり、降りたりしていた。そうした情景がこの曲とともに突如として蘇り、もう、涙ボロボロ。そう、音楽はこんなことを生じさせてくれる力がある。

前々回はお勉強でも時空間を旅行できちゃうよね、みたいな話をしたけれども、音楽でも旅行ができてしまうのではないか。もっと言えば、過去が現在に蘇る。時間なんてともすれば、流れていないんじゃないか、という気分にさせてくれる。しかし音楽は時間と空間の産物でもある。時間の流れと空間の幅の中で音楽が奏でられながら、あるいは再生されながら、現在の私は、過去の時間と空間にダイレクトに結びつく。

時間は流れていないけれども、流れている。空間には幅なんてないけれども幅がある。ともすればずっと、「今」なんじゃないだろうか。もっと言えば、ずっと、永遠なんじゃないだろうか。そんな思考を可能にしてくれるのも音楽だ。なんだか西田幾多郎先生みたいなこと言いだしてきた、オイラ。えっへん。

お金がなくても、今では、YouTubeやらSpotifyやら、ネット環境さえあれば、音楽は聴ける。以前は、CDを買ったり、レコードを買ったりしなければならなかったが、今はほぼ無料でも聴ける。音楽産業にとって、これがいいのか悪いのかよく分からないが、聴き手としてはなかなかいい時代になった。

とはいえ、いまだに私は音源をダウンロードすることは滅多にない。気にいるとCDを買ってしまう。で、車の中でもっぱら聴いている。車も、大していいサウンドシステムがある代物でもないが、車通勤だったので、通勤の間、誰のことを気にせずとも、一人カラオケ大会に勤しむ。メロディは脳内に残響し、それが身体化される。

ときおり、ふと授業中に口ずさんでしまう。歌いたくてたまらないので、歌う口実に、授業中の余談で、ワンバースほどライミングし、そこからヒップホップの話をしてみることがある。そうすると数名の学生が食いついてくることがある。その後、喫煙所で食いついてきた学生と会った際に、彼らは私を交えてサイファーを始める始末。そう、学生と仲良くなるツールだったりもする。そのまま、哲学や思想史にも興味が出てくれればいいんだけど。教育効果たるや、いかほどか。

ようよう、始まったぞ、サイファーの時間、あるいはラップバトルの相手を志願、調子どうだ、スローダウンな日常は、こちらハイファイマイクの舌ねじり屋、ナーミー。そんなこんなで、今回は音楽について。

聴く音楽

人生で最初に買った音源の話なんて、よくしませんか。ああ、しませんか。私はします。初対面の人とよくします。そこから話が広がることもあれば、広がらないこともある。ここでもしちゃいますよ。準備はいいですか。

恥ずかしいのか、恥ずかしくないのか、人によるだろうが、胸を張って、言ってみます。あたしゃ、最初に買ったCDは小沢健二の『LIFE』というアルバムであります。当時は、シングルでもアルバムでもミリオンセラーなんかがガンガン出ていて、音楽産業は、なんだかものすごかった。特に小室哲哉なんかは、売れまくっていて、いつでもどこでも流れていた印象。ゲッゲゲゲゲ・ゲッゲゲゲゲ・ゲッゲゲゲゲゲ・ゲゲット・ワイルド。なんであんな売れていたのか、きっときちんとしたマーケティングとか社会学とか、なんかしらの分野での分析とかあるんでしょうけど、よく知りません。あまり興味もありません。

で、オザケンのCDは、お年玉を貯めて買った。オザケン以外の他のCDは、小学校に通う際のバス代をケチって、歩いて駅まで行くことで、お金を貯めて買ったりしていたのだが、親にそれがバレて、CD割られてしまったというトラウマがあります。で、オザケンだけ、なぜか割られずに、今に至るまで、持っている。なんだか、苦楽をすべて共にしている感じがする。

オザケンの曲を聴いて、どうもすべての曲に元ネタがあるらしいというのを雑誌で立ち読みして、何が元ネタなのかを覚えていき、そこから聴くべき音楽が広がっていった。たとえば、「ラブリー」という曲の元ネタ。ベティ・ライトの「Clean Up Woman」だったりとかね。次第に大きくなって、オザケンだけでなく、いろいろ聴くようになる。そんな中でもフィッシュマンズは、今も聴いている。「Just Thing」のサンプリングネタはジミー・スミスの「I'm Gonna Love You Just A Little More Babe」なのだが、ジミー・スミスも聴くようになって、その後、超好きになる。

フィッシュマンズは、なんてったって、暗い。根暗な私にぴったりのチューニングなのだ。しかもこのフィッシュマンズを教えてくれたのは、先に述べた、亡くなった友人だった。暗さに、拍車をかけて、暗くなる。悲しい気分になるけれども、それでもなお、感情を揺さぶってくれる曲たちに満ちている。

フィッシュマンズから聴くべき音楽が広がっていったのは、ジミー・スミスだけではない。そこからダブやレゲエにはまっていったり、ノイズにはまっていったり、フリージャズにはまっていったりと音楽の幅はかなり広がった。もちろん、フィッシュマンズだけが音楽の幅を広げてくれたわけではない。高校時代の友人で私の音楽経験を大きく広げてくれたのは、現在NRQというバンドで二胡奏者をしている吉田君だ。

当時私が住んでいた地域の公営の図書館にもCDは置いてあったのだが、そこになぜか大量にジョン・ゾーンのCDがあった。で、地元が近かった吉田君と図書館に行き、ジョン・ゾーンを聴くように勧めてくれたのは彼だった。今思えば、図書館司書のはからいも、なかなかすごい。それだけではない。吉田君の実家に行くと、聴いたこともないような音源がたくさんあって、ワクワクした。民族音楽やら東欧や北欧のジャズ、名前も覚えきらんものばかりであったが、貪欲な私の耳にはとても刺激的だった。

そういえば、当時NHK-FMで何の番組だったか忘れてしまったが、生ライブを収録して流す番組があった。頻繁にその観覧希望の抽選に吉田君は出しており、それが当選すると、なぜか時折私を誘ってくれた。そこでONJOとかSAKEROCKとかのライブに一緒行った。吉田君が後に行った和光大学にもSAKEROCKのメンバーがいて、紹介してもらい会話した記憶がある（今やSAKEROCKのギタリストは誰もが知るシンガーソングライターになっている）。

ちょうどそんな折、高校から大学にかけてだったと思うが、『Improvised Music from Japan』という音源付きの雑誌が出ていて、それを手に入れて、日本やらアルゼンチン音響派やらを怒涛のごとく聴くようになっていく。この間、他にも、渋さ知らズやシカラムータのライブがあれば、無料で行けるものにはほとんど行っていた。ギタリストで親友の潮田雄一（うっしー）からも、やれジョン・フェイヒーがいいよだとか、アフリカのジャズがいいよだとかで、世界が大きく広がっていった。

これに加え、当時上野俊哉さんや酒井隆史さん、東琢磨さんや平井玄さん、三田格さんや野田努さんたちが『STUDIO VOICE』という雑誌の音楽特集で書いていた。彼らは音楽とその背景にある社会的なもの、そして思想とを結びつけて論じており、難しいなぁと思いつつも、そういうのに憧れる年頃だったので、次第に私自身、哲学や思想に興味を持った。大人になって、彼らのうちのいく人かと直接会う機会を得ることになり、正直、大変感動している。今もなお、彼らは私を学び逸らせてくれた大先達だ。大尊敬。

で、聴く音楽だ。

音楽で世界が広がると、文字どおり、外国の人たちと話す際にも、共通言語になる。言語というより、コモンセンスかもしれない。感覚が合うやつらとは、音楽の話でも似たような音楽が好きだったり、教えてもらったり、教えたりすることができて、友達も増える。仲の良い友人たちは結局音楽の話ができるか否かで、私の場合、決まっている気がする。

あと、場所が恵まれていた気もする。東京の殺伐とした郊外で育ったものの、それでもなお、一応東京なので、音楽イベントは大小問わず、かなりあった。河川敷で開催される無料の音楽祭やら、大学の学祭シーズンは、無料あるいは格安でいろんな大学で有名ミュージシャンのライブを観ることができた。ジャズ・フェスティバルでも開催されようもんなら、通し券を買って、いろんな会場で、見たいミュージシャンを見まくることができたし、多少値が張るチケットでも、頑張れば、見たいミュージシャンを見ることができた。当時は新宿にあったリキッドルームは何度も通ったし、オルガンバーなんてクラブやらハーレムやらも大人になるには必要だ、とか思いながら行った。六本木のスーパー・デラックスは、大好きだったテニスコーツのギターやらを弾いている植野氏がPAをしていたし、いつかは演奏したいな、なんて思っていた。

あとは、レコード屋だ。東京に住んでいた時は当然のようにディスクユニオンとジャニスに毎週のように通っていた。神保町は、古本屋もあるし、楽器屋もあるし、ユニオンもジャニスもある。天国である。眺めているだけでも、視聴しているだけでも、大変楽しい。一人でも、友人とでも、好きな人とでも、神保町に行くのが、人生の楽しみだった。そんな毎週行っていたジャニスも、私が東京を離れ、西へ西へ行っている間に、閉店したようだ（今確認したら、2号店はまだあるようだ!）。このニュースを聞いた時ばかりは、東京に対する愛憎の「愛」が浮き彫りになり、とても悲しかった。さようなら、ジャニス。さようなら、アメリカ、さようなら、ニッポン。

演奏する音楽

この間、聴くばかりではなく、自分でも実は演奏していた時期がある。

そう、実は私、恥ずかしながらバンドをやっておりました。黒歴史でもないはずなのだが、なんだか、表明するのが、とても恥ずかしい。なんでやろ。その名も、微炭酸。伝説的に誰も知らないバンドだ。当時は一〇〇万枚売れる曲しか作っていないつもりだったが、一曲演奏するのに一〇分くらいかかっちゃったり、決して聴きやすい曲ばかりではなかったので、あくまで勘違いだったのね、なんて知ったのは最近だったりするのは内緒です。

聴く音楽で世界の広がりを知ることができるとすれば、演奏する音楽の方は、人を知ることができるということだ。他の人とバンドを一緒にやるなんて、ある種、恋人関係のようなものだと思う。この人のつながりも、音楽を聴き、そして共に演奏していくことを通じて、なんだかんだ、つながりをより強固にしてくれるようなあり方がバンドだと思う。

とはいえ、決して、一つになるわけではないのがバンドの面白いところだ。バンドに限らず他者とともに音楽を奏でるということはそういうことに近い。そしてそれは、コミューンで生活することとも似ている。コミューンで人間関係を作る際に、快適な生活環境を整えたいと思うことが、それぞれの仕方でぼんやりと一致しているだけで、明確に理念としてそれが一致しているわけではない。

音楽をともに奏でることも、各々で曲を気持ち良く演奏していくために、しかも各々のやり方で演奏していき、楽器やパートが異なるがゆえに、一致団結せずして、演奏をする。たまに演者も観客も一つになったみたいなことを言うミュージシャンがいるが、それは、ありえない。あるかもしれないがその時には、明確に理念が強固にあり、それが一つの目標に向かって突き進む時だ。それはまさに専制国家体制のようなものである。専制国家体制とて、それに抵抗するものは必ずいるのは間違いない。なので、友人の表現を借りるならば一丸となってバラバラに生きることがコミューンの生活であり、音楽の演奏である。

で、演奏だ。
微炭酸はフィッシュマンズに影響を受けすぎたせいで、ダブやレゲエを基調に、ノイズを出したり、それぞれのソロパートを長めに演奏していた。LINE 6というメーカーがあるのだが、そのLINE 6のDL4という緑色のディレイをふんだんに使いまくって、グワングワンさせながら私はギターを弾いていた。今思えばむちゃくちゃなのだが、超気持ちいいのである。

一応、ディレイをドラムのリズムに対して二拍三連風にしてみたり、クロスリズムやポリリズム的な感じで、工夫はしていたのですが、だいたい演奏している時は酔っ払っていたので、タイミングが合ってなかった気がする。そんなこんなで、観客なんか知ったこっちゃない状態。ギタリストとしてはデレク・ベイリー気取りで、何も奏法なんて知らないのに、ギターをめちゃめちゃに弾いていた。どうも、多摩・武蔵野のデレク・ベイリーであります。

メンバーとしては、ベースは十兵衛さんという年上の友人、ドラムは豪君という高校の先輩、そして私が元々のメンバーだった。後に、ピアニカとダブ処理でVIDEOTAPEMUSICが加入し、関ちゃんというトロンボーン奏者、バリバリにギターが上手いジャズ研だった美田君、カリンバのゆゆう君、音響処理で現ベルトイアのたくみなどが参加していた。流動的に様々な人たちが参加してくれていた。他にも、今はceroというバンドで有名になっている高城君がギターだったり、これまたceroの荒内君がオルガンで参加したり、元ceroで、この文章が連載されていた『文學界』の表紙を手がけている柳君がドラムを叩いてくれたこともあった。柳君、元気かい。私がさしずめ井上陽水で、ceroが安全地帯みたいなものか。ということは、高城君は玉置浩二か。夏の終りのハーモニー。

荒内君と柳君は高校の後輩。三鷹高校という（厳密な意味で）今はもはやない高校である。この高校に通っていた頃に、音楽を通じて、たくさんの友人ができた。冒頭に引用した武蔵野の坂道のなんたらの曲を作っていたのは、前里慎太郎（前ちゃん）という友人だ。彼は当時、大変アグレッシブに興味深い曲をいくつも作っていて、八方というバンドとドナルズというバンドをやっていた。微炭酸と同じくらい有名（ではない）なバンドだ。

一八歳前後のガキの感受性というものはとんでもなくて、当時の音楽に対する貪欲な態度というものは、今でも侮れないな、と思っている。自分だけでなく、友人たちも含めて、あの当時に作っていた曲は、思い出として以上に、いまだに感性に鋭く刺さってくるものが多い。前ちゃんは今は、個人名義でラッパーとして活躍するほか、ニューグリフィンズというバンドで頑張っているようだ。

前ちゃんらを通じて音楽仲間になった友人に猪股東吾（トーゴ）という人物がいる。彼は現在大袈裟太郎という名義でラッパー兼ジャーナリストになっているようだ。彼は別の高校だった。都立の方の武蔵高校だったはず。高校を辞めて、一人で暮らしていたりして、彼の引っ越しを手伝ったりした記憶がある。うーん、懐かしい。というかラッパーだけでなく、沖縄の辺野古新基地建設反対の運動にも参加しているようで、貴重な情報を日々SNSを通じて届けてくれている。それにしても、昔は彼らとはバカな話ばかりしてゲラゲラ笑いあっていたのだが、大人になったもんだ。

前ちゃんトーゴらの学年は同じで、これまた別の近所の高校に在籍していたのが吉田君だったのだが、彼と同じ高校に通っていたのが高城君だ。うっしーも一応吉田君と高城君とちょっとだけ同じ高校の神代高校（うっしーは定時制だった）。そんなこんなで、今も音楽を続けている友人たちは、とても立派になっている。たまに、自分は何しとるんやろ、と後ろ向きになったりもするが、自分は自分だと孤軍奮闘するのみだ。そういえば、以前も書いたことがあるのだが（森元斎「少しずつ体は死んでいく」『ユリイカ　特集cero』二〇一七年八月号、青土社）、高城君と荒内君を引き合わせたのは私で、その時以来彼らはバンドを組むことになったので、ceroファンの皆さんは私に感謝した方がいいと思う。しかし、いまだに誰からも感謝されていないのは、私の文章など誰も読んでないのだろうか。読んでくれ。

それはそうと、東京の郊外で、うだつが上がらないなりに、貪欲に音楽を演奏することを通じて、イベントを企画し、共に演奏し、縦横に人間関係が広がっていった。三鷹高校やら、武蔵高校、神代高校、あとは国立高校やら調布北高やら、多摩・武蔵野地区の高校生同士が音楽を通じて、仲良くなっていたのは事実だった。もっと言えば、高校なんて関係なくて、音楽を通じて豊かな人間関係を築けるようになっていたのであった。

最近の音楽の触れ方

先にも述べたように、最近は基本的には車中で音楽を聴くのが多いのだが、それ以外にも、友人が我が家に来たり、私が友人の家に行ったりするとYouTube大会をすることがある。これが難しいのは終わりどころだ。だんだん、アルコール消費量も増えてくることで、酔ってグワングワンになり、歯止めが利かなくなる。カラオケ大会みたいなもので、歌ってる当の本人以外興味ありません、みたいな状態になることもある。

とはいえ、酔っているので、その辺はご愛嬌。各自のリコメンドするものはもちろん自己満足みたいなこともあるが、その一方で、友人から新しい音楽を教えてもらえる機会にもなっている。かつてのように貪欲さはないが、ゆるゆると今までの蓄積の上に、新たにミュージシャンを知っていくのは楽しいことである。

他にも、先に述べたサイファーをしてくれた学生たちから最近のヒップホップの動向を教えてもらったりもする。ケンドリック・ラマーやチャンス・ザ・ラッパーは確か彼らから教わった。レコード屋にもいかなくなったし、ジャニスもユニオンもない里山地域では、やはり「人」が音楽の伝達をしてくれる。そしてやはりその人のつながりがまた豊かになる。音楽は人と人とをつなげるものなのだ。

かつてピタゴラスだったかプラトンだったか、古代の哲学者たちは、音楽にこの世界の真理を表現する手段としての地位を与えていたし、スーフィズムに関しては身体との関わりを強くすることで、修行の強度を増していったし、ともすれば以前もこの連載でも書いたように、護摩焚きの際に読経するのも、ある種の音楽的な要素があると思われる。これらすべて音楽の考え方に変わりはないだろうが、今世紀最大の大哲学者・森元斎によれば、音楽とは人と人とをつなげることに寄与するもの、になるだろう。

実はコミューンに住んでからもバンドを組んでいる。とはいえ、ライブをするわけでもなく、ただ友人たちとスタジオ入ってセッションするだけである。それでもなお音楽を通じて友人たちとの関係を深めている。きっかけはこんな感じだった。

ちょっとした縁で、友人になった人がいる。彼はパートナーと子どもと一緒に東日本大震災以降、福岡に避難し、定住した。彼は東京にいた時には会社勤めをしていた一方で、ずっとバンド活動をしており、CDも出すほど頑張っていた（quizkidというバンドだ）。しかしながら、バンドのメンバーは元の場所に留まり続けていた。しかし彼がいるのは福岡である。物理的に遠いのもあるし、やはりなかなか一緒にスタジオに入ったりできない。会社はなんとか転勤扱いで福岡支社に移ることができたので、一安心。

しかしながら同じ会社とはいえ、福岡に来てからは、職種がまったく変わってしまった。今まではカタログのディレクションをしていたのだが、福岡に来てからは、経験のない営業職。しかも会社での営業先は、電力会社だったり、軍需産業だったりで、鬱々としていくのみ。胸糞悪いし、最悪。福島の原子力発電所の事故がきっかけで移住を決意し、当然のように原子力発電所を憎んでいる彼が、営業先に行けば、原発を何としてでも動かしたい電力会社なのだ。電力会社のパーティーに呼ばれたある日、その電力会社の社長が挨拶に登壇。なんとしてでも原子力発電所を再稼動させるぞ、オー、なんておっしゃる始末。しかも社員一同どよめき、会場も異様な雰囲気に包まれていたという。そんな中この友人は、ぐったり。そして彼は鬱になった。

そんな状況を見るに耐えかねて、私は彼を誘って、一緒に飲むようになった。愚痴を聞くようになった。一緒にスタジオ入ろうと誘った。他にも関東や東北で元々音楽活動をしていて、各地から避難し、福岡に住み始めた友人たちにも呼びかけた。これでバンドの一丁出来上がり。皆で月に二、三回ほどスタジオに入ってセッションをしている。バンド名は「避難者」である。どう、パンクバンドみたいでしょ、こんな名前。私はまっとうな人生から避難しているということにして、それぞれが、それぞれの地域・領域からの避難者ということで、どうでしょう。

曲も作り始めた。ぼんやりとした骨格だけ私が作って、あとはひたすらセッション。別段ライブをしたいわけでもなく、音源を出したいわけでもない。ただ音を各々の立場から鳴らしていくことが面白い。私はギターかラップ。あとのメンバーはサックス、ドラム、ベース、ギターだ。彼らとは、ただひたすら音を一緒に出すという行為を通じて、難しい理論でもなく、社会運動でもなく、自分たちなりの仕方でそれぞれお互いの「人」を知っていく機会になっている。

＊

そういえば、この間、就職が決まったことも以前書いたと思う。就職先は、この連載でも何度か登場する山下陽光の実家の地域近くなので、彼からその地域の友人を紹介してもらった。彼ら・彼女らと目下、遊び始めている。その友人たちもまたバンドをやっている。Velocityutというバンドだ。山下陽光の兄である山下大介らがやっている五人組のバンドで、九〇年代から九州をはじめ日本全国で活動している。バンドとは別に、すみれ舎という障害者福祉施設を立ち上げ生計を立てている。もともと別の施設でメンバーをはじめ仲の良い複数人で働いていたのであるが、そこで諸々のノウハウを学び、独立したのだ。

で、独立の仕方が面白い。どうせ場所もあるんだし、好きなことを好きなだけ思いっきりやろうということで、まずは各自の賃上げだけでなく、一か月に数回ほどイベントを行っている。地域の子どもたちを呼んで寺子屋をしたり、美術制作の催しと称していろんな平面や立体を作る時間を作ったり、地域に開かれたBBQや夏祭り、他にも私も呼んでもらったことがあるトークイベントと音楽イベント（菫夜講）、そして何よりもすごいのは、打ち上げの飲み会やら皿うどんやらがすべて無料。夏祭りは近所の神社の境内も借りて、切腹ピストトルズというバンドを呼んで、どんちゃん騒ぎ。久々に女子高生のように、キャッキャしちゃったりできる。

皿うどんやら刺身に関しては、言うまでもなく、うまい。まぁ、長崎だからね。採算が取れているのか、取れていないのかよく分からないが、とにかく大盤振る舞い。たぶんギリギリでやっているのだろうけれども、楽しむためには、思いっきり、やっちまうのが彼らだ。音楽を通じて人のつながりが豊かになり、そこからさらに仕事まで作ってしまい、楽しみまでさらに作ってしまう。そして私もVelocityutに加入させてくれるらしい、たぶん。いずれにせよ、学びたいことばかりだ。

Velocityutのメンバーで、すみれ舎でも働いているシゲちゃんという友人がいる。シゲちゃんはダダイストを自称していないが、ダダイストのような活動ばかりしている。ちなみに、僧籍も持っており、数年前までは、お坊さんとしてちゃんとお勤めもしていた人物でもある。またシゲちゃんのパートナーも「無為」という洋服のリメイク・ブランドを立ち上げている。森三中もテレビに出演する際に着用しているほど素晴らしい服飾デザインである。それにしても「無為」もダダ感丸出しな名前だ。

で、シゲちゃんだが、金食い虫の着ぐるみを着て、大村のシャッターだらけの商店街をスケボーで亀のように腹這いになりながら鈍速で滑り、カンパを募っている。あるいは、浜町という長崎で一番でかい商店街があるのだが、そこで、良い人と出会いたいと目論んで、商店街のアーケードのど真ん中で死んだフリをして寝ていた。そこで声をかけてくれる人は、絶対いい人に違いない、そして友達になれるに違いないという目算だ。

で、死んだフリしてたら、長崎はいい人だらけなので、当然のように、大丈夫ですか、と声をかけてくれる。そこで、死んだふりしてました、と答えると、その優しい人が突然キレ出して、人の善意をバカにしやがって、とぷんぷん怒って帰ってしまった。チーン。南無阿弥陀仏！　パフォーマンスという意識もなく、ひたすらただやっているだけだ。ちなみにどうでもいい情報だが、シゲちゃんの靴下はいつも穴が空いている。そして冬でも外履きはスリッパだ。最近私はこのシゲちゃんと長崎製糞社というユニットを組んでライブを敢行している。

それはともかく、何より、なにもないと思われている一地方都市の中でそういうことをすることで、自ずとそうした活動に興味を持つ人が集まる。まずはやってみること。それに尽きる。どうせ失敗するし、どうせ自分なんか、どうせ……と思うよりは、軽い気持ちでまずはやってみること。どうせ自分たちがやれることなんて大したことはないのだから。

どんな場所に行っても面白人物はいる。どんな場所に行っても面白い音楽を奏でている人はいる。どんな場所に行っても面白い音楽を聴いている人はいる。以前書いたように、どんな場所でも地域を掘り下げれば民衆史が見つかるように。地方だからだとかでいじける必要はまったくない。むしろ地方だからこそ、変にこじらせて、面白くなっちゃった人がたくさん埋もれている。

だから、まずは音楽の話から始めてみるのもいいかもしれない。さっそく、私は長崎引っ越して二〇一九年の春にすみれ舎で、ロンドンのパンク・バンドを呼んでイベントを企画してしまっていた。その後も現在に至るまで、悪巧みをしまくっている次第である。とにかく、やっちまうしかない。

第8章

映画

日常を脱構成せよ

はじめに

もう、映画ばかり観ている。

ちなみに、ドラマも観ている。なんでこんなになったのかって? そりゃ、Amazon Prime VideoとNetflixのせいである。あとは、『西日本新聞』で映画評の連載をしているので、試写やら、DVDで観まくっている。ヤヴァイ。たまに一日四本くらい観たりするときがあるのだが、そんな時は、もはや、廃人である。実際は、映像観ると、頭がぐるぐる回転し、映像から諸々の刺激を受けて、思考が止まらなくなる。大変触発されるのが映画やドラマなのだ。

夜中になっても、眠れなくなりそうになったら、ウイスキー飲みまくって、ゴダールとか眠くなりそうな映画を故意にみれば、そのまま寝落ち、なんて荒業もある。シネフィルというレベルでもないのだが、なんだか映画やドラマは観てしまう。しかし、こうなったのは、ここ二、三年である。なぜなら、要は、時間があるからなのだ。暇なのだ。貧乏暇有り。かかってこい。

高校生の時に映画と呼んでしまっていいのかわからないものを二作ほど作った。その頃も映画を観まくっていて、二、三年は狂った様に見ていた。将来は日本のゴダールになろうと思っていた。よくわからないくせに、妙に、ゴダールに衝撃を受けたのだ。今となっては、なんで衝撃を受けたのかわからない。確か『気狂いピエロ』を観て、最後に爆発して終わることで、これしかない、と思ったのだ。爆発すれば、だいたい人生なんて、オッケーでしょ。

それから、ゴダールやトリュフォーだけでなく、パゾリーニやらなんやら、ヨーロッパ映画を観まくって、さらにお勉強だと思って、日本の古典（？　小津やら溝口のことです）をめぐり、ジム・ジャームッシュとかスパイク・リーとかへ、ようやく向かうというコースであった。ゴダールに衝撃受けるくらいなので、ハリウッドは最初、鼻で笑っていたのですが、フツーに面白いものばかりであるのに気づいたのは二〇代入ってから（もちろんつまらないものもあるけどね）。

第一次映画はまってた期（要は一〇代後半と二〇代前半）の最後は、アモス・ギタイとか、ジョナス・メカスとか、なんだかインテリが観そうな映画にハマったけれども、そうこうしているうちに、哲学・思想にはまっていって、なぜか観なくなっていった。ただ、前回の音楽のネタとも同じように、つまり、音楽から哲学・思想に入っていったように、映画から入っていったのも事実。というのも、ゴダールなんて、まず小難しい風の話ばかりだし、ちょっと出てくる劇中の会話やらなんやらが、訳がわからなくて、これは哲学・思想を勉強しないとわからないんじゃないかと勘違いしたことに起因する。

で、当時、ゴダールについて何か知りたいと思い、情報を仕入れると、蓮實重彦とか渡邊守章とか、浅田彰とか四方田犬彦とか、そういった賢そうな人たちの小難しそうな話ばかりで、こりゃお勉強しないとダメそうだ、と相成った。そうした中、ゴダールの『映画史』とかいう本（今は文庫で出てますね）を読んでみたりする。どうも小難しくはない。なんであんなに難しく語られているのかよくわからなかったが、なんだか、面白そうなことはわかってくる。まぁ、『映画史』読んで、わかったことは、ゴダールは嫌な奴なのだということくらいだ。

とはいえ、当時の私は、これは真似しなければと思い、嫌なやつになってみたりする。なんだい君、あの映画も観ていないのに、映画が好きとか言っているのかい、なんてクソ生意気なことを言っていた。もちろん、それだけではない。『映画史』の中で、なんだか金言っぽい言葉が端々にあって、それに刺激を受けていった。その金言が、哲学・思想の領域の言葉なのではないか、と勘違いして、どんどんのめり込んでいった。どうも「印刷する《アンプリメ》」という言葉が、含蓄にとみまくっている概念なのではないか、なんて思い、何でもかんでも、アンプリメでこの世界を理解しようとしていた。しかしながら、当然のように、この世界のことはわからないままなのだが。

映画を作ること

大したものでもないし、今思い出せば恥ずかしいのだが、映画を作ったことがあるというのは、先にも書いた。映画といっても、いずれも一〇分とか一五分くらいの映像作品だ。ちなみに、どんなものかというと、前世紀最大の映画監督・森元斎作品第一弾は「CDなしには生きられない」というものだ。全米が泣いた。内容はこうだ。

ポータブルCDプレイヤーに毎日CDを入れて、イヤホンをつけて音楽を聴きながら街を歩くのが大好きな男の子がいた（ちなみに、これは前章で登場した前ちゃんというパイセンが演じてくれた）。この男の子がポータブルCDプレイヤーにCDを入れるシーンで始まる。音楽を聴いている男の子は府中のけやき並木通りを上機嫌に歩いている。人にぶつかったりしても、上機嫌。毎日音楽を聴く生活で、ひたすら上機嫌なのだ。

そんなある日、いつものようにCDを聴いて街を歩いていたら、人とぶつかった。ちょっとすみません、程度に会釈したら、なんと、その相手のひとは絶世の美女（この女の子も高校の後輩だったと思うが、名前を失念）。男の子は、絶世の美女に一目惚れ。もうぞっこん。お互いすみませんなんて言いながら、美女は向こう側へ去っていく。男の子は突っ立ったまま、よだれたらしたりしながら、その美女の背中を眺めている。

で、一目惚れしちゃった男の子は、どうにかして、美女にこの気持ちを伝えたい。どうするかと言えば、自分の好きなものをプレゼントするしかない。そこでCDだ。美女を追って、CDをプレゼントする。美女、物好きなのかなんなのか謎であるが、飛び上がって喜ぶ。二人とも抱き合って、お付き合いをする展開に。やったね。

そんなある日、いつものように男の子はポータブルCDプレイヤーにCDを入れて、街を練り歩いていたら、なんとあの美女が目の前を歩いているじゃないか。しかし別のチャラそうな男の子とだ（ちなみに、この男の子は監督自身が出演しております。スパイク・リーみたいでしょ）。しかも肩まで組んでムッチャ仲が良さそうに歩いている。ここで、当のCD大好き男の子は、嫉妬に狂う。チャラ男と美女が、またね、なんて別れていったので、その様子を見ていたCD大好き男の子は、監督演ずるチャラ男を後ろからジリジリとつけていく。

この野郎、どうしてくれよう、ワナワナ、怒りに震えている。誰も人通りのないところをチャラ男が歩き始めたので、CD大好き男の子は、その距離を縮めていく。ポータブルCDプレイヤーからCDを取り出し、手が震える。くっそう。ということで、CDを凶器にして、チャラ男の頭を一撃。チャラ男は血だらけになって、人気のない路地裏で倒れる。CD大好き男の子は、してやったりという形で、その場を逃げ去る。

で、翌日。CD大好き男の子は、いつものように、プレイヤーにCDを入れて、音楽を聴きながら、けやき並木通りを上機嫌で歩いていく……

いかがでしたでしょうか。淀川長治です。この映画は怖いですねー。CDが好き、音楽が好き。そうした日常の延長線上に、男女のいろいろがある。嫉妬がある。人を殺してまた日常に戻る。なんだか現代を鋭く批評した映画ですねー。それでは、さよなら、さよなら、さよなら。

現代を鋭く批評したかどうかは置いておいて、こんな作品を撮った。高校時代よく音楽イベントを企画していたので、そのイベントの中休み的な感じで、この映画を上映した。まぁ、誰も見てくれてなかったと思うけれども、私は満足だった。これで、ゴダールへの一歩だった。

映画を作っていて、面白いのは、現実世界で撮影しているのにも関わらず、**まったく別の世界を作り出す**ことが可能であるということだ。監督の自分と出演した自分でもいいのだが、同じ自分なのに、どちらかは現実の世界における別の自分なのだ。ともすればアイデンティティなんてものは、強固な「私」だったり本当の「私」みたいなものを語りがちであるが、「私」そのものが分裂していく。ほら、なんだか哲学みたくなってきた。ランボーという詩人がいて、「私とは一人の他者である」なんてことを言っていたのだけれども、もしかして、こんなことを語っていたのかしら、なんて思ったりもする。そして大尊敬していたゴダール先生もこんなことを言っている。

ひとはなにかをするためには、二人にならなければなりません。あるいは……自分ひとりしかいない場合には、自分が二重人間《ドゥーブル》になるような状況に身をおかなければなりません……祖国に対する裏切り者になることによってであれ、二重国籍者になることによってであれ、自分が二重人間になるような状況に身をおかなければなりません。レーニンはその思想のすべてを、ロシアの外にいたときに形成しました。ついでロシアに帰って多くの仕事をかかえ、そのなかば近くについては誤りをおかしたりしたあと、この世を去りました。でも彼の創造の偉大な時期は、彼がスイスに亡命していたときなのです。当時、ロシアの民衆は饑饉に苦しんでいました。レーニンはと言えば、チューリッヒの近くの山中をサイクリングしたりしていました。でも彼は、そうした状態のなかでこそ……同時に二つの場所に身をおいていたときにこそ、自分の最高の思索をもつことができたのです。

映画づくりなり映像の創造なりがおもしろいのは、そこでは、同時に二つの場所に身をおくという行為を、ほかの人たちと共有することができるからです。映画はまた、コミュニケーションのための場所でもあるべきです。たしかに、そこではコミュニケーションがひとつは成立しているのですが、でもそれは、すべてのコミュニケーションが成立するのを妨げるようなやり方で成立しているにすぎないのです。（ジャン＝リュック・ゴダール（奥村昭夫訳）『ゴダール　映画史（全）』ちくま学芸文庫、二〇一二年、一一〇頁）

音楽をやっている自分と映画を撮っている自分は異なる。あるいは友達と一緒にいる自分と家族と一緒にいる自分とは異なる。どちらかが本当なのではなく、一方があって、もう一方にフィードバックしたりすることによって、なんかしらの変化が生じる。うまくいけば創造が生じる。それだけではない。映画の世界に没頭している自分と、そうではない自分とが分裂することがあると思うが、映画に関してそこで語り合えたりできる土台がある一方で、そうではない位相では別様の語りが可能になっている。相互に、完全に混じり合うことなどは不可能であるものの、それでもなお、それらが混じり合ったりすることがある。それが面白い。

これは別に、映画に限らないかもしれない。時空を旅行したり、音楽を聴いたりすることとも大きく重なることである。そういえば、この間、『MR. ROBOT』というドラマを見ていたのだが、ハッカーとアナキズム、そして資本の再分配というテーマのみならず、先に述べた、さまざまな位相での一人の私という問題系（要は解離性人格障害）も扱っており、超面白かった。おすすめ。

映画を観ること

一〇代後半は映画を観るだけでなく、撮ったりしていたのだが、ある時期からまったく観なくなってしまった。で、なんで一五年の歳月を経て観るようになったのかというと、暇になったから。本当は、仕事でもして現金稼がにゃいかんのかもしれないけれども、最低限畑に出ていれば、なんとなく食料は手に入る。あとは、人からもらったりできる。現金は仕方がないので、造園業とか、大学の非常勤講師とかで得るしかない。空いた時間は、研究する。

しかし研究するにしても、なかなかテンションが上がらない。この映画を一本観てからとか、このドラマを一話観てから、研究でもしよう。そう思っているうちに、何本か観てしまい、気づけば、子どもが帰宅。夜ご飯の準備でもしようかねとか、お風呂でも入れようかね、なんてやっているうちに私も眠くなって就寝してしまう。特に子どもを寝かしつけていると、こちらまで眠くなってしまう。子どもって、ぬくぬくして、あったかいしね。最近は、私とは寝てくれなくなったけど。まぁ、要は、ほとんど、一日のすることといえば、映画観たり、ドラマ観たりして過ごしている、ということになる。

で、特にここ数年は、こんな感じで時間がある。じゃ、昔好きだったし、映画でも観るか、てな具合にね、いいっすね、いえー、なんてね。そう、第二次映画はまってる期である。第一次の頃は、東京にいたというのもあり、ポレポレ東中野やら池袋の新文芸坐だったり、渋谷のアップリンクなどなどいろんなところに観にいけた。しかしながら翻って現在、映画館なんて周りにない。一応シネコンが車で行けばあるにはあるが、私は頑なにシネコンには行かない。理由は、純粋に、あまり好みの映画が上映されていないからだ。単館系映画館が好きというか、支えたいというのもあるし、純粋に単館の映画館の方が、好きな映画を上映している。

福岡にはかつて一〇館くらいはあったそうだが、現在は二館のみ。KBCシネマと中洲大洋くらいだ。特に、KBCシネマは、ディレクターもしているのが田村さんという友人であるというのもあって、よく上映後のトークで駆り出される。田村さんもなかなかの変人である。西南学院大学という福岡の大学で政治学の先生をしているのであるが、とにかく、映画狂。映画だけでなく、書籍ものすごい量読むし、福岡の市民運動への見渡し方もすごい。学生を育てるのもうまいし、なんというか、ものすごい奇人である。週刊誌も隅々までチェックしており、芸能ネタも知悉している。

何よりも、福岡出身者や、西南出身者をフォローしまくり、文脈・人脈を作るのがうまい。その文脈・人脈で大学やKBCシネマに人を招聘して、イベントもいつも大盛況。もちろん、悪い意味での変な人なんて絶対に呼ばない。良い意味での変な人ばかり呼んでくれる。センスも信用できる。田村さんのおかげで、石井岳龍監督とも一緒にトークさせてもらったり、先に名前を挙げた四方田犬彦さんにもお会いできた。他にも、『まんが日本昔ばなし』の声優でもあった常田富士男さんと一緒に飲んだりもした。あとは、杉本博司さんなんてよくわかんないけど大御所すぎる人のアテンドをしたりもした。東京だと、敷居が高すぎて会えない人たちも、福岡だと、なんだか会えてしまう。そう、地方はお得なのだ。よかろうもん。

第二次の現在、よく観る映画やらドラマは、なんだかんだ、政治ネタが多い。あるいは地域ネタだ。政治ネタに関していうと、この間、ロシア革命一〇〇年とかで、映画でも実り多いものがたくさんあったし、ずっとしつこくヒトラーネタは上映されている。ドラマだと『高い城の男』は私の大好きなフィリップ・K・ディック原作の政治とSFが融合したものだ。

それだけではない。地域ネタだと、ドラマだと『THE WIRE』シリーズはやばすぎる。ボルティモアのハスラーと警察が、複雑に絡まりあって、話が展開されているし、映画ならばスパイク・リーの『ブラック・クランズマン』で黒人問題が取り上げられており、私は刺激をもらっている。他にも、福岡出身だったり、福岡に関わりのある作品もまた実り多い。先の石井岳龍監督は福岡出身だし、福岡で撮影されたものだってある。

＊

そんな中、厳密な意味で映画・ドラマではなく、むしろテレビ・ドキュメンタリーではあるのだけれども、福岡に住むようになってから観た映像で、一番衝撃的だったのは、木村栄文というドキュメンタリー作家の作品だった。西南学院大学出身で、その後RKB毎日放送に入社。怒涛の勢いでドキュメンタリー作品を作った。賞を取れば偉いわけではないが、それでもなお、すごいなと思うのは、撮る作品ことごとく、ものすごい賞を受賞しまくる。戦後の日本のドキュメンタリーを作り上げた人のうちの一人である。

で、撮られた作品の中身はどうかというと、基本的には、福岡ネタ。福岡と朝鮮半島、福岡と炭鉱、福岡とテキ屋などなど。で、すごいのは、作が、森崎和江さんだったり、石牟礼道子さんだったりする、ということだ。これ、ものすごいでしょ。森崎さんの文章を基にしつつも、『鳳仙花』という作品では、朝鮮半島と福岡、さらには日本とのつながりを戦前から現在（当時）まで音楽で接続してしまう。

古賀政男というこれまた福岡出身のものすごい作曲家がいるのだが（イメージで、場末の飲み屋でかかる、テテッテテンテンテンテンテレッテッテ、テケテケテンテンテンみたいなギターのイントロが流れる音楽作っている人ね）、そのいわゆる古賀メロディーは、戦前に日本から朝鮮半島に導入されていき、そこから戦後の朝鮮半島での大衆歌謡曲にもなった。日本でも、もちろん古賀メロディーがベースに大衆歌謡曲にもなっている。そんな日本と朝鮮半島との双方の系譜を辿りつつ、美空ひばりにまでインタビューしてしまったりして、とにかくものすごい。地方のテレビ局を侮るべからず。

日本と朝鮮半島の関係が冷え切っていたりしていたその最中に、こんな企画を通して、しかも実現させてしまっていたのだ。以前ちょっと触れたけれども、福岡の能古島に晩年住んでいた檀一雄の軌跡をたどる仕方で、高倉健が登場してしまっていたり、とにかく、ものすごい手腕である。

これまた森崎さんの構成で『まっくら』というものがある。福岡の廃坑になっていた炭鉱の跡を辿っていくのだが、もはや、ほとんど、ドキュメンタリーというよりも創作された実験映像の趣すらある。白石加代子という早稲田小劇場に当時出ていた狂気女優まで出演して、謎の舞踊のシーンがあったりするし、なかでも、廃坑になったあとの街で木村栄文が市井の人々にインタビューするシーンがあるのだが、そのインタビューに応じるのが、市井の人々に扮する白石加代子。しかも、木村がインタビューするやいなや、いきなり、白石に突き飛ばされ、川に落ちてびしょ濡れになるシーンがある。もはや、ドキュメンタリーなのか、なんなのか。

木村栄文によれば、ドキュメンタリーとは創作だ、という名言がある。ともすれば、ただ廃坑になった後の街を歩いていても、ここに炭鉱があったなんてことを知らずして歩くならば、何も気づくことはないだろう。ただの寂れた街だなぁ、くらいしか思わない。ただそれが現実である。そこに創作というか、今目の前の現実を作らしめた過去の視点を挿入することで、なぜこんなに寂れて見えるのかが明らかになる。その意味で創作なのだ。

白石が木村を川に突き飛ばしたシーンには何か意味があるのか、ないのか、謎だ。おそらく意味なんてないのであるが、それでもなお、炭鉱もなくなった何もないところで、映像を作るとなれば、それはシュールなものであるのは間違いがない。木村が川に突き落とされるというシュールなあり方が、なんだか炭鉱なき後の街の姿に重なる。

映画は現実をかく乱してくれる

映画を観たり、作ったりすると、現実と虚構といった区別もごちゃ混ぜになってくる。これは、先のゴダールのところでもした話だ。現実なのか虚構なのか、だんだん区別がつかなくなって、むしろ、虚構が現実を形作っていったり、現実が虚構を形作っていったりするようになる。私が映画を観て、刺激を受けるのは、こうした点だったりする。

踊りを観ていてもそうだが、劇場で踊りを観ていると、そのダンサーの何を私は観ているのだろうか、なんて悩み出してしまう。ダンスを観ているのは間違いないのだろうけれども、ダンサーの足の動かし方なのか、手の動かし方なのか、なんだかよくわからなくなる。そんなことをダンス好きのパートナーに言うと、ウザがられる。はい、ごめん。それはそうと、さっきもちょろっと出てきた『高い城の男』なんか、完全に虚構の世界なのに、なんだか、今の日本や世界を観ているような感覚にもなる。

内容としては、第二次世界大戦で、日本とドイツが戦勝国となり、北アメリカが、分割統治されているといった話だ。ロッキー山脈より太平洋側が日本太平洋合衆国で、大西洋側が大ナチス帝国となっている。ちなみに、ロッキー山脈周辺域は、中立地帯となっており、ある種の無法地帯として描かれている。これらそれぞれの土地で政治的な駆け引きが、国家レベルであったり、民衆レベルで繰り広げられる。

で、このドラマを観ていると、なんだか今の日本やアメリカとそんなに変わらないじゃないか、なんて印象を持ったりする。優生政策を唱えたナチスからすれば、トランプのレイシズム問題と重なるし、日本も、クソくだらない精神力やら気合いやらで、いろんなことを乗り越えようとするところなんかも、現在もなお続いている日本のダメなところじゃないかと思ったりもする。ちなみに、このドラマ、当時はシーズン3まであったのだが、一週間くらいで、全話を一気に観てしまった。この時はかなり廃人だったと思う。シーズン4ができるらしいので、早く観たい（後日、全部完食いたしました。ペロリ）。

で、このドラマの面白いところは、こうした分割統治された「現実」とは異なるパラレルワールドが登場するということだ。このパラレルワールドは、私たちが知っている事実、つまり、日本やナチスは戦勝国どころか敗戦国であり、アメリカがその後の世界の覇権を握っていくという、私たちが知るこの現実のあり方だ。このドラマでは、こうした現実は「現実」とは異なる。逆もまた然りである。そう、このドラマの「現実」は私たちの現実とは異なる。大丈夫ですか、こんがらがってないですか。「現実」の方がドラマのそれで、カッコで括ってない現実が私たちのそれですよ。え、大丈夫だって。ほんなら、素晴らしい読解力。そう、「現実」の中に現実の世界観が示されていたりして、とても興味深いのだ。こうしたことは映画やドラマでこそ、表現することができる。

そう、映画やドラマは虚構ではある。しかしその一方で現実の中で作られた「現実」でもある。それと同時に、この「現実」が現実をフィードバックしていたりもする。パラドキシカルな状態ではあるが、虚構であるからこそ、この現実を鋭く照らし出すことになったりする。

ここまで来ると、これは映画やドラマだけではなく、書籍を読むこと、音楽を聴くことも、重なるのではないか。虚構＝「現実」が現実を照らし出す。虚構が現実の見方を変えてくれる。ともすれば、虚構が現実を変えてしまう。だから、現実を変えたいとなれば、虚構の世界を形作らねばならない。

この時、自分自身も融通無碍《ゆうづうむげ》に分裂させないといけない。自分の中のさまざまな側面から現実を見ると、さっきまで鬱蒼《うっそう》とした山林だと思っていたところが、突如として山菜が豊かに実る森になったりする。一貫した何か、徹底した何かなどで世界を変えようなど、まぁ、無理だろう。眼前にある、やらねばならぬ事態とは異なることを、まずやってみる。思考を変えてみる。見方を変えてみる。これらによってこそ、私たちは私たちを変えていくだろうし、世界を変えていくことになる。そう、視線や思考をズラすことが重要なのだ。**日常の脱構成。**

空族という映画集団がいる。

いつだか、朝起きたら、空族の富田監督の家だったなんてほど、出会いは突拍子もなかったのだが（前日に、前回登場したバンドを一緒にやっていた避難してきた友人と東京で飲んだ際に、飲みすぎて、記憶はほぼなかったのだが、起きたら富田さんの家だったのだ）、その富田さんや相澤さんらの作る映画は、世界の見方を変えてくれるのに、大変寄与してくれる。『バビロン2』『国道20号線』『サウダーヂ』『バンコクナイツ』なんて映画を作っている。

『バビロン2』や『バンコクナイツ』は、東南アジアでの歴史を、現在の私たちの観点から、掘り下げていくものだ。ちょうどバックパッカーなんてのが、私たちが若いころ流行っていた。リュック一つで、東南アジアやら巡っていく貧乏旅行だ。おそらく空族の面々もそんな仕方で旅行をしていた時に、東南アジアの現在のあり方は一体なんなんだろう、なんて疑問に思ったのだと思う。

で、ちょっと歴史を掘り下げてみたら、実は、東南アジアの地域の多くに日本軍がズカズカと入り込んでいたし、ベトナム戦争では、アメリカがズカズカと入り込んでいたし、バブルの時なんて、日本企業がズカズカ入り込んでいたし、現在でも、日本人がセックスとドラッグをものにするためにズカズカ入り込んでいる。そんな状況を調べてみると、なんだか東南アジアだけの問題ではなく、私たち日本に住む者たちの関わりも大いにあることがわかるわけで、空族は、ともすれば観光では垣間みることができないような東南アジアのあり方を、映画という手法で、現在の私たちに開いてくれている。

そこにも全世界に普遍的な問題も伏在している。都市と地方の格差だったり、地方が常に圧迫され続けているといった問題だ。しかしながら、その地方に住む人々は、つつましく、そしてたくましく自らの生を営んでいる。これって、自分のことではないか、と改めて思った。そう、映画という虚構を通じて、自分の現実のあり方が照らし出されていくのである。『バンコクナイツ』にも参加しているヒップ・ホップ集団でstillichimiyaという人たちや、その中の数名で映像集団スタジオ石なんてのを立ち上げていて、自分のやり方とも大変共鳴してしまう。彼らは東京ではなく、山梨に住み、東京が大嫌い（たぶん）。だけれども、山梨に仕事なんてないし、都会的な刺激だって少ない。じゃぁ、どうするかといえば、自分たちで仕事を作ってしまうし、自分たちで楽しくやってしまう。都会的な刺激が少なくたって、地方的な刺激はある。フライフィッシングだったり、キャンプだったり、温泉だったり。

むしろ、生活力があるのは、私も含めてそう思うのだが、都会に住むよりも、地方に住むことだと思う。食料をとることなんて特にそうだろう。生きる上で必ず必要なこうしたことがらは、都会では実は簡単にできない。都会には畑もなければ田んぼもない。山菜をとろうと思っても山もないし、住宅地しかない。海で魚をとるにしても、海は汚いし、うまい魚はあんまりとれない。こうした生きる上での力を蓄えることができるのは、やはり地方なんじゃないか、と私は思ってしまう。

この力さえあれば、国家なり、社会なりが崩壊したとしても、インフラがぶっ壊れたとしても、なんら動じることはない。革命が起こってもそうだ。革命が起こっても、その時に、力強く生きていける人というのは、こうしたことができる人たちだ。頭でっかちに革命を論じ、練り上げていくことも必要かもしれないが、生きる力が伴ってこそだろう。生きる力なんて、言ってしまえば、ある種の虚構だ。なくても、都会では生きていける。そう、なんだかんだ都会の現実と地方の「現実」は異なるのだ（まぁ逆もまたしかりだけれども）。

革命が現実に生じるとすれば、それは虚構の世界からやってくるしかない。レーニンが革命を起こすために彼にとって重要だったのは、ロシアに居続けることではなく、スイスに亡命することであり、ずっと革命戦略を練ることではなく、山登りが重要だったわけだ。眼前の事態とはまったく異なる自分のあり方に定位させることで、革命が起こったりしてしまう。

どうですか、まず革命のために、映画を観る、ドラマを観る、本を読む、旅をする、音楽を聴く、亡命する、サイクリングする、釣りをする、山登りをする。つまり、身体や思考をズラすこと。脱構成なんてのを推奨いたします。

第9章

本

言葉で戦え

はじめに

今日は、本の話をしちゃうぞい。これ読んでいる方々は本好きよね、たぶん。だって、こんな奇特な本を買って読むくらいですからね。しかも、よりによって、二一世紀を代表する大思想家・森元斎大先生の文章を読むなんて、とほほ。

本を読むことは、精神の栄養である。

体の栄養は食事だったり、山登ったり、ボクシングしたり、ジム行ったりすることで保てるだろうけれども、本を読む（ないしは書く）という作業は、極めて精神的な領域に属すると思う。とはいえ、ネットで本を手に入れたりしない限りは、本屋さんに行って、購入するわけだけれども、その本屋さんに行くことはとても、身体的な作業だろう。あるいは、本を喫茶店に行って、読むのも、身体的な作業だと思うし、ともすれば読書会なんてすれば、みんなで侃々諤々の議論でもしながら、あるいはほっこりしながら、読むことになり、結構な体力を使ったりする。身体的な作業なのだ。

とはいえ、もっぱら、精神的な栄養である、というのはそうだろう。この本を読む（書く）

というのは、とても、人間の精神にとって極めて重要。だって、人間って肉体だけで生きてないからね。精神でも生きているからね。ともすれば、読んだ本が、特にその思想の内容が、私たちにものすごい影響を与えちゃったりする。そんな時には、もういてもたってもいられない。人生が変わることだってあるのが、読書であり、文筆であり、本のなせる業なのだ。私は少なくとも、本から革命のことを知ったし、本から哲学・思想を学んでいる。

本はそんなに高くない。貧乏な私でも、手に入れることができる、最良の人生の伴侶なのだ。もちろん高い本もあるけれども、古本だったらだいたい安く手に入れることができる。あるいは、図書館だったら、タダで本を借りたりもできる。タダで閲覧だってできる。ともすれば、病院の待合室にだってあるし、喫茶店とか理美容室に漫画が置いてあったりする。たまに図書館で廃棄本コーナーなんてものがあると、興味あるやつをかたっぱしから持っていくことだってある。あるいは、神保町の古本屋街なんかは、東京に帰るたびに、必ず行く。

私のような貧乏人であっても、本を読むだけで、救われてしまうわけだから、とにかく、この世に書籍があってよかったと思う。革命を目論む私としては、日々、革命を目指していた人、あるいは革命を起こしちゃった人、コミューンをつくっちゃった等々の先人たちの議論は当然のように参考になるわけで、そうなると、書籍をひもといて、先人たちのご意見に耳を傾けるしかない。

各地の図書館やら本屋さんは、行きまくる。

パリにいた頃、エコール・ノルマル・シューペリウールという学校で研究会が頻繁にあった。そこへ行く前には必ず、ヴラン書店とジベール・ジョセフ書店に向かう。ヴランは哲学書に特化した本屋さんである。そこでその日に行われるであろう研究会に関連しそうな書籍を眺め、そのあとに、その近所にあるジベール・ジョセフ書店という、日本で言えば、ジュンク堂とか紀伊國屋書店みたいな本屋で、そこで再び本を眺めて予習する。その後、もちろん研究会に行って、みんなで飲むというのがだいたい毎週のお決まり。

すごいのは、その道のものすごい研究者のセミナーなのに、出席者は五人とかなのだ。たとえば、ベルクソンとかドゥルーズの哲学研究界隈だと世界的にも有名なピエール・モンテベロさんの発表の機会で、ご本人に加え、フレデリック・ヴォルムスさん（世界最強のベルクソン研究者と言っても過言ではない）がいて、カンタン・メイヤスーさん（最近日本でも名前が知られてきた、思弁的実在論とかの人ね）、どっかの大学院生（名前は忘却、シモンドン研究者の素敵な女性でした）、そして私（二一世紀最強の哲学者）なんて感じ。私のお師匠さんである、エリー・デューリングさんから一緒に行こうよなんて誘われたものの、本人は来ない。こんなメンバーなので超濃密な議論が繰り広げられ、私もいろいろ質問しまくりで、得るものが多い。こんなのが毎週のようにあって、パリは刺激的でありました。

＊

それはそうと、福岡にも「主義者本」と私が呼んでいるある種の本があるのだが、そうした主義者本を置いている本屋がある。主義者本を眺めるなかでも楽しい本屋さんといえば、福岡教育大の最寄り駅の近くにある、アクスという古本屋さんだ。なんと、店主は、あの上野英信さんの息子の上野朱さん。上野さんと世間話なんてしながら、本を買って、ウハウハ。他にも福岡だと徘徊堂という古本屋さんも素敵。長崎でもこの手の主義者本屋を探さねば。

私にとって、主義者本がたくさん置いてあるユートピアは、スイスのローザンヌにある、アナキズム文献センターというところ。私費とドネーションで成り立っていて、ヨーロッパのアナキズム関連の文献のみならず、南米やアフリカ、そして中国やら日本の文献だってある。超絶楽しい場所だ。エリゼ・ルクリュが載っている昔の新聞記事だってあったり、集めている量がすごい。だいたい行くと、誰かが、人を集めてきて、夜はパーティーをしてくれる。素敵すぎる。東京だと、新宿のIRAなんてインフォショップもアナキズム関連では、面白い本がたくさんあるし、静岡の富士宮にも実は日本ヴァージョンのアナキズム文献センターがある。この世には、幾つものユートピアがある。

もちろん、本屋も好きなのだが、本そのものだって好きだ。

稲垣足穂『人間人形時代』(工作舎)なんて、書籍の真ん中に穴が空いていたりして可愛いし、文庫本なんて、ポケットに入れればどこへでも一緒にいてくれる。大西巨人の『神聖喜劇』の文庫本は、年中、私のカバンの中に入っている。ZINEなんて、すぐ破れたり、ぐちゃぐちゃになったりするがゆえに、愛おしいし、ポリティカルコレクトネスを無視して、好き勝手書かれていたりして、渾身のバカ話が掲載されていたりもする。

特にzineは、昨今は諸外国でどこ行っても刊行されまくっている。だいたい、国外のアナキストと会う際に、こんなzine作っとるよん、なんて名刺がわりに渡されることばかり。アナキストやフェミニストたちが各々の意見を、馬鹿話とともに、発表しまくっている。

本の装丁についてもかなりいろいろあって好き。杉浦康平さんや戸田ツトムさんの装丁は、もうずっとファン。福岡の友人である毛利一枝さんの装丁も素敵。この文章が連載されていた『文學界』の柳くんの絵だって可愛い。

本そのものとの付き合い

いろいろな側面から本について語ることができると思うが、まずは本そのものとの付き合いを巡ってお話なんかしちゃいましょうかね。

まず、初めて万引きしたものは、実は本だった。

小学校五年生の時である。なんと、松本清張の『点と線』。本当は吉田戦車の漫画をいただこうと思っていたのだが、でかくて、断念した。人生初の万引きは、その人の一生を規定する、なんて都市伝説があるらしいのだが、私の人生は、そう、ミステリー。わけわからない人生の杣道《そまみち》に入り込んでしまっている。助けてくれ。そして、ごめんよ、松本清張！ ごめんよ、本屋さん！

本を意識して読み始めたのは、政治経済・倫理の先生が、生意気だった私のことをよく気にかけてくれていて、フーコーでも読んでみなさい、なんて言われたのがきっかけだった。なんでそんなことを言ってくれたのか、今でもさっぱりわからないが、とにかくフーコーなる哲学者の書籍をどうにか手に入れて読んでみる。が、当然のように、まったく、歯が立たない。何を言ってんだ、こいつ、くらいの勢い。アンシャン・レジームがどうの、フランス革命がどうの、ギロチンがどうの……ギロチン以外、単語知らねぇよ。

そう、さっぱりわからなかったのだ。逆さまにしてもわからないし、斜めにしてもわからない。だいたい『監獄の誕生』なんて、持ち歩くだけで、重たい。困ったので、他にないのか、ばか、てな具合に聞くと、中村雄二郎とか、河合隼雄とか、鷲田清一など、きっと、その政治経済・倫理の先生の趣味であっただろう本を貸してくれたり、リコメンドしてくれるようになった。

その政治経済・倫理の先生は政治経済の教科書も執筆していたし、組合運動にも大変熱心な先生で、私をゆるりとオルグしてくれていたのかもしれない。当時、石原都政下だったので、私の通っていた都立高校では、よくストライキがあった。私は、学校が休みになってラッキーくらいにしか思ってなかったが、それでもなお、それなりに影響を受けた。

で、その先生、タバコが大嫌いな先生だった。私は当時から喫煙者だったので、昼休みに高校抜け出して喫煙して戻って、その先生の授業を受けようもんなら、もう臭いから、軽音の部室で本でも行って読んでろ、なんておっしゃられる。私が授業なんか一ミリも興味ないことも知っていたし、喫煙者であろうとも、停学処分とかにするようなことはしなかったし、なんというか、超絶優しい先生だった。残念ながら、連絡先も存じ上げず、今は何をしていらっしゃるのか、わからない。おーい、中村啓治先生。恩人である。

この先生からリコメンドされた本を読んでいって、ぼんやりと哲学・思想にも興味が出てきたのも事実。音楽と映画と、この先生から、私は哲学・思想への道に彷徨い始めたのだ。うろうろ。

そうこうするうちに、家から自転車で、一五分で着くという理由で、自宅から一番近い大学に入学してみた。ちなみに入学式と卒業式は出ていない。そうであるからか、実は入学も卒業もしていなかった、なんて夢をたまに見る。ドッキリ。

それはそうと、大学入ると、哲学科なんていう陰気なところに入ってしまったので、これまた本を読むしかない。ドゥルーズを読もうとか、ハイデガーを読もうとか、サイードを読もうとか、ウェーバーを読もうとかなってくる。

ということでまずは、ドゥルーズを読んでみることにした。しかし大学一年生で、そんなに勉強が得意ではない私からすると、これまた何が書かれているのかさっぱりわからない。「差異的＝微分的」という言葉ですら、何語ですか、みたいなノリ。その単語の横にルビで、

「ディフェランシエル」とか書いてある。食べられるんですか、おいしいんですか、ディフェランシエル・ティラミス・マカロン、ナーミー。

ということで、フランス語で読めばもう少しわかるんじゃないかと思って、フランス語を勉強し始めてみる。アンシャンテ、ゴマサヴァ美味しいですか〜。とはいえ、語学も今に到るまで、こんなレベルで、決して好きではない。そんなこんなでたどたどしいフランス語能力でドゥルーズの本を読み解いてみたら、あらまぁ、日本語より、わかりやすい。これには驚いた。

だって、**哲学用語って、日本語になるといかめしいけど、原語では、結構簡単**だったりするのだ。moiで「私」という意味だが、なんかフロイト経由したりすると「自我」と訳されていたりするので、ものすごい難解なものだと思ってしまいがちだが、なんてことない、「私」のことでしかない。この頃、古本屋でバイトも始めていたので、誰も買いもしないような人文書を、そろーっと持って帰ったりしていた。これで研究者が一人育ったわけだから、よかろうもん。

卒論なるものを書かねばならない頃から、より専門的な書籍を手に取るようになった。一応、卒業論文から博士論文までホワイトヘッドという哲学者を専門にしていたので、ホワイトヘッドの著作のみならず、その関連書も読む。読んで読んで読みまくる。後で書く話にもつながってくるけれども、本を読むと思考が整理されて、次第に、いろんな枠組みとか疑問が浮かび上がってきて、これまた脳内がぶっ飛び始める。ガンギマリだ。コカインなどなくても本を読むだけでピエール瀧！　今じゃ言えない、秘密じゃないけど、出来ることなら、言いたくないよ！

で、そんなガンギマリ状態なので、お金ないくせに、同じ本を買ってしまったりするミスがよく生じる。一度購入して本棚にあったはずなのに、見つからない、あれです。あの本読みたいのにとか、あの論文を参照したいのにとか、ちょっとチラ見したいだけなんだけど、近所の図書館にはないのよね、なんてなると一人でパニクって、日本の古本屋でポチッと購入し、届いた頃に、同じ本が、ヤァ、元斎さん、こんにちは、ぼく、バディウだよ、なんて棚から顔を出して現れることがある。本棚はきっと四次元ポケットなのだ。そんなこんなでアラン・バディウの『哲学宣言』という本は四冊くらいある。

＊

前にも書いたけれども、福岡に住んでいて、すぐそばに首羅山なんかがあるので、そこについて調べたりするのも、地元の図書館とか教育委員会の資料もさることながら、地域には郷土史家みたいな、おもろいおっさんとかお姉様がいらっしゃるので、そういった方々がものすごく詳しく調べまくって、書籍としてものしていたりする。誰が読むんだろうとか思うが、あ、あたくしが読んでるじゃん、なんて思いつつ、かつての道教のお寺があった頃の地元地域に思いをはせることができる。

坂口博さんというもともと創言社という出版社で働いていて、そこを退職してから、今は北九州の若松にある火野葦平資料館の館長しているおっさんがいるのだが、この人に、火野葦平のことはもとより、サークル村関連のこととかを聞くと、だいたいなんでも答えてくれる。生き字引みたいな人だ。『校書掃塵《こうしょそうじん》』なんていう一人百科全書みたいな本を書いたりもしている、スーパーマンである。この人、森さん、哲学やってるんでしょう、なんて言いながら、唐突に我が家にやってきて、この本要らないから、あげる、とか言い出す。それでもらったのが、キルケゴール全集（しかもまったく読めないデンマーク語……）。滝沢克己という伝説的なバルト神学の研究者の本を作ったりしていた版元に勤めていただけあって、とにかく、恐ろしくも、敬愛すべきおっさんだ。

この間、この連載でもちょくちょく述べているように、旅行や音楽や映画は、時空を文字通り旅できることであるのだが、本を読むことだってそうだ。妄想が膨らみまくる。地域をディグれば民衆史が見つかるし、革命運動だって見つかる。妄想も繰り広げて、一大ドラマだって築くことができる。

哲学なんてやっているせいで、二千年以上前のプラトンなんて、当然のように、知り合いだ。マルクスなんて絶対そばに居たくないほど、人格が変だったらしいのだが、そばに居ずとも、マルクスのことを知ることができる。何よりも彼の書いたものはむちゃくちゃ面白い。アナキストとしては、敵ながら、悔しいが、面白いのは、認めざるを得ない。もちろん、アナキストで大好きなネストル・マフノやエリゼ・ルクリュにも会えてしまう。本を読む、これ即ち、ドラッグで飛ぶのと同じである。時にストーンドすることもあれば、バッドになることもあるが、基本的にはアッパー系で多幸感があるものばかり。

本は精神を鍛錬する

文章を書くのは好きなのだが、悲しいかな、いまだに、うまく読めないし、たいした文章は書けていない。哲学書なんて、ど頭から、読んでいって、フッーにさらっと読解していける代物ではない。しかしながら、そんな本を読みまくるのが、仕事である。困った。哲学書を読んでいても、もう嫌、なんていって、その辺にほっぽり投げてしまうこともある。

それでもなお、読み続けていくと、ピエール瀧状態になれるので、たまらない。そう、哲学書を読むのは、最強に、面白いのだ。依存性のドラッグかもしれない。哲学書なんて、最初はもちろんまったくわからない。だけれども、忍耐強く、これはこういう意味かな、あれ違うな、あ、そうか、こういう意味で書いているのか、なんて読み進めていくと、次第に、頭の中の霧が晴れてくる。ちょっとずつ暗がりの中のいろいろな事物の配置がわかり、身体が慣れていくような感覚に似ている。哲学ギョーカイのスター選手であるメルロ＝ポンティ先生がこんなことを言っている。

たとえば、私の住居は私にとって、緊密に連合された一連の映像のようなものではない。それが私のまわりでいつまでも親しみぶかい領域として在るのは、私がそれのもつ距離や主要方向を、依然として〈手のなかで〉、あるいは〈脚のなかで〉、覚えているからにほかならず、私の身体からその住居の方へと、沢山の指向的な糸が発しているからにほかならない。同様にして私の獲得した思惟も、一つの絶対的な獲得物ではなく、そのつど私の現在の思惟によって身を養っており、それは私に一つの意味を提供するものの、逆に私の方からその方に意味を返しもするのだ。（モーリス・メルロ＝ポンティ（竹内芳郎・小木貞孝訳）『知覚の現象学Ｉ』みすず書房、一九六七年、二二〇頁）

深夜に帰ってくると、家は真っ暗だ。だけれども、慣れてくると、見えてくるものもある。あるいは身体が、電気のスイッチの場所を覚えていくことで、壁に身体が激突したりすることなく、暗がりの中でも、難なく明かりをつけることができるようになる。そうした身体感覚になるまでに、毎日、そこで生活していくことで、慣れていく。この感じを**「指向的な糸」**なんてメルロ＝ポンティ先生は言っている。これは身体感覚だけではない。考えることも、同じだ。つまり難解な哲学書を読解していくことも同じなのだ。少しずつで良いので、繰り返していく。それによって、だんだんとそこに書かれているものが理解できるようになる。

その理解も、状況によって変わったりするのが活字の面白いところ。水俣病のことを学ぶ前と後で、たとえば石牟礼道子の読み方だって変わってくるだろう。水俣に行くまでは、石牟礼道子はなんだか、訳わからんけど面白い文章を書く人だなぁ、くらいに思っていたが、水俣に行って、経験を培ってからもう一度ひもといてみると、ああ、この人について書いているのね、だったり、この場所について書いているのね、なんて繋がってくる。そうなると、さらに本を読むことが面白くなる。案外、本を読むことは身体的なことだったりもする。それでこそ、研究も進んでいく。

サルトルというメルロ＝ポンティのお友達筋の哲学者がいる。ノーベル賞を辞退した哲学者だ。彼は本の中では友人だ。なかなかいい奴だぜ。レヴィ＝ストロースと喧嘩して負けてたけどな！　彼は、目の前の子どもが餓死したりする際に、文学やら哲学はなんの役にも立たないと言っていた。私はそうは思わない。そうした子どもを目の前にした人に対して、あるいはその子どもに対して、哲学は精神に栄養を与えることができる。

哲学は反戦の役に立たないと言う人もいるかもしれない。しかし、反戦の精神を培うことができるし、餓死に抗う精神を醸成することができる。もちろん、身体がヘロヘロだったらできないけれども、精神だって、私たちの養分だ。これは哲学に限ったことではない。本を読むことや書くことは、そういうことだ。活字は、私たちの精神を鍛えてくれる。筋トレよりもいささか簡単だと思う。

こうした精神鍛錬だけでは、もちろん、ない。

たとえば、この連載でも書いたけれども、自分自身は、料理は構造なのである、なんて思いつつも、なかなかそれを言語化するのは難しかったりする。そこで、それについて書いている人は必ずいるもので、ちょっとお勉強したら、なんだレヴィ＝ストロース書いてんじゃん、となるわけで、レヴィ＝ストロース先生の言葉を使用して、料理はいかにして構造として語れるのかを、自分の頭で整理できる。

あるいは、アナキストのコミューンはどうやって作られたりしているのか、なんて疑問に対して、ご当地に行くのはもちろん大切だけれども、そこで集めたzineとかを大量に手に入れて、世界各地のいろんな実践を知ることができる。で、自分に似たような仕方でコミューンを実践している人たちの情報を得て、自分の傾向としては、やっぱ畑耕すべきよね、なんてなるわけで、実際に畑を耕し始めてしまう。

石川三四郎なんて日本の先達だっている。アナキストの先輩だ。彼は、フランスなどに亡命して、そこでエリゼ・ルクリュの甥のポール・ルクリュのところで世話になって、ひたすら畑作業をしていた。実は、アナキストは、畑を耕す人たちが多い。クロポトキンも監獄の中で、暇さえあれば、勝手に野菜を作りまくっていたし、ルクリュもそうだ。あるいはイギリスのエドワード・カーペンターなんてアナキストも、ミルソープという田舎町で、自給自足の生活をしていた。ちなみに、カーペンターはウィリアム・モリス（なんだか、シャレオツな女子が好きな柄を作った人！）とか、エリノア・マルクス（マルクスの娘！）とかその辺とも繋がりがあったりして、コミューンの底力を知ることができる思想家だ。

いずれにせよ、生きていくためにはそう、食料だ。本だ。現金も必要かもしれないが、現金などなくても生きていけるのは、何度言っても言い足りない。飯を食う、という時に、なぜか仕事のことを指すようになっているが、飯を食うのは、文字通り、飯を食うことなのだ。貧乏ではあるが、私が生きていけるのは、畑があるから。金があったら、本を買う。

畑なんか東京にねぇよ、と突っ込む人もいるかもしれないが、東京でも、ちょっと土があるところなんて、すぐ見つかるし、アヴァン・ガーデニングなんてやり方もある。都市部でも、畑が耕せちゃう。最近は、ニューヨークとかロンドンみたいな街中でも、みんなちょっとした空間を使って畑を耕している。それを率先してやっているのは、アナキストだったりする。

もちろん、環境系エコロジストもいたりするのだが、彼ら・彼女らは、喫煙者に厳しかったりするので、私はあまり近づかない。それはそうと、最近、私、就職してしまったんですけれども、職場のトップ（つまり、ガクチョーという立場の人ね）が、構内全面禁煙を訴えている。私の周囲の学生・教職員共に、皆、奴がバカであることは見抜いている。奴は本を読んでなさそうである。断固、全面禁煙令を無視します。

いずれにせよ、先達たちからヒントをもらえるので、書籍は絶対に読むべし。どうせ、**自**

分が考えていることなんて、先達たちがすでに活字にしてるからね。一人で考えるよりも、学ぶべし!

言葉で戦え

ほぼ同世代で、同じような境遇にいる人が書いている文章を読んだ。栗原康の文章だ。当時私は大学院生だったのだが、彼も当時そうだった(はず)。金もなく、だけれども、本を読むのが好きで、大学院なる場所に行ってしまい、そこで厳密にテキストを読解し、小難しいことを小難しく書く訓練をひたすら私たちはやっていた。そんな中にあって、書きたいことを書きたいように書くなんて、大学院生にとって、死に値する。就職がなくなるとか、痛いやつだとか、そんな目で見られるようになってしまう。私は、ぐっとこらえて、査読論文を通すためだけに、必死になっていた。でも、なんかおかしいな、とは思っていた。

そんな折に、である。栗原康は「やりたいことしかもうやらない」というタイトルで、鶴見済『脱資本主義宣言』という本の書評を、『図書新聞』に書いていた。しかもサブタイトルは、「『直線』の時間は成り立たない。借金なんて返さない。わたしはビールが好きだ」。バカなのか、こいつは。と同時に、まったく同じ気持ちであった。私の中のたがも外れた。

元気が出た。そうか、自分も好きなことを好きなように書くことにしよう。どうせ就職なんて無理だろうし、こんなに文章を書くのが好きなのに、ストレス抱えて、査読を通すためだけに文章書くなんてまっぴらだ。栗原さんの文章に刺激されて、自分も好きなことを好きなように書くようになった。そして結果、就職もできてしまった。好きなことを好きなだけやったほうが、いかに良いのか、身をもって示せた。みんな、好きなことを、思いっきり、やるしかない！

そう、私は革命について書きたかったのだ。

コミューン実践について書きたかったのだ。自分なりに、書いていくようになると、不思議なことに、書いたものを、誰かが読んでくれて、そこから、大学やら、研究会やら、教会やら、寺院やら、書店やら、障害者福祉施設やら、アートスペースやら、勝手にやっている勉強会やらなにやら、いろいろなところで話す機会も増えていった。

そう、**書くことは、誰かの元に届くこと**なのだ。それをしっかり確認できるようになった。多少想定している読者はいたりもするが、基本的には、思いの丈をぶちまけることが多い。私なんかは田舎に住んでいて、必ずしも、意見の合う友人が近くにいるわけではない。そんな共有できないような思いも、書いてしまえば、行ったこともないような場所や地域で生活している人たちから声をかけてもらうようになった。

デリダという哲学者は「郵便的なもの」とか「誤配」とかいう仕方で、言葉を綴ることに意味を与えているけれども、まさにその通り。デリダ、なかなかやるな。こいつも俺のポン友やで。手紙を書くように、誰かに活字を届けること。しかも意図せざる、新たな友人を獲得できる。これ即ち書くことである。

文章を書くことは何かを論証したりすることでもあるが、その一方で、呼びかけを行っていることでもあり、友達を増やしていくことにつながる。マルクス先生とエンゲルス先生の共著である『共産党宣言』なんて本は、呼びかけの最たるものだ。共産主義実現のための十項目なんて、読んでいるだけで最強に面白い。最後の締めの文句なんて、万国の労働者よ、団結せよ、である。要は、お友達募集中、と高らかに宣言しているのだ。もう、大興奮。かつての『バンドやろうぜ』という雑誌とか音楽雑誌の後ろの方にあったバンドメンバー募集欄と同じである。そう、本を書くということは、いろんな地域で繋がることができるようになるということなのだ。

「書くこと」というので思い出すことがある。後飯塚僚（通称ごい）さんという東京理科大学で免疫学やっている先生がいる。この人は、変人だ。土方巽のアスベスト館に上京後出入りしたり、山崎春美さんらとタコというバンドを組んでいたり、その一方で、獣医の資格とって、研究者になってしまった。で、私が東京にいた頃、ごいさんの師匠の家でクリスマスパーティーがあるから行かないかと誘ってもらった。やった、タダでチキン食べ放題、ビール飲み放題、ワイン飲み放題。嬉々として向かう。で、その家の中の階段はＤＮＡと同じ、二重螺旋構造みたいなデザイン。さすが免疫学者ね、なんて思っていたら、その家主が登場した。車椅子に乗り、トーキングエイドという機械を操って、言葉を私たちに伝達する人だった。トーキングエイドとは、ちなみに、指で、ワープロみたいに文字を打ち込んで、それを機械が音声化して読み上げてくれるものだ。その人は多田富雄さんという方だった。

お弟子さんたちに囲まれて、みんなでワイワイしており、俺、弟子じゃねぇし、とか思いながら、とにかくチキンをばくばく食いまくって、ワインをがぶ飲みしていたら、多田さんから、何をしている人ですかと聞かれた。哲学を勉強してますよ、と答えると、それまで柔和な顔だった多田さんが、キリッとした表情になり、私を見つめて、突然「**言葉で戦え**」とおっしゃられた（トーキングエイドを使ってね）。周囲も、森元斎、頑張れよ的な空気になり、自分はひたすら、そうよね、その通りよね、頑張らねば、と背筋がシャキッとした。

そうであるにも関わらず、この体たらくなので、多田さんに怒られそうであるが、この「言葉で戦え」というパンチラインは、なんというか、今でも、いつでも、思い出す。

言葉について、本について、これまで数々の議論があるし、研究の蓄積があるだろう。それだけではない。免疫学とて、実験が重要ではあると思うが、何よりもまず、いつでも言葉でその成果を伝えてきた。これは免疫学に限ったことではない。文系だろうが、理系だろうが異なることはない。小説家だって、詩人だって、皆そうだ。言葉を使って、人に伝えている。先人たちは、常に言葉で戦ってきたのだ。

私も、その端くれに今いる。しかも哲学・思想なんて、言葉以外でどう伝えるのか。二重螺旋構造風デザインの階段のせいで、なんだか人類数万年とかそんな規模と重ねて、言葉なるものを考えたくなってしまう。せめて本を書くからには、こうした思いは常に背負って、書きつらねたい。そう、書くからには、革命を起こさねば。バンドメンバー募集中！

第10章

子育てと教育

革命を「育成」するということ

はじめに

子ども二人とパートナーと同居している。

子どもは四歳と八歳だ(二〇一九年五月当時)。子育ては、大変だ。そして、子育ては、楽しい。子どもを持つ親にしか相談できないこともある。というのも、なかなか曰く言い難い案件が多すぎるからだ。なので、子育ての相談は、パパ友、ママ友にしかしない。共感がまず大切。つらいよね〜、でも楽しいよね〜、子ども、将来どうなるんだろうね〜。

子どもと暮らすということは、短期的な時間と、長期的な時間がない交ぜになって考えなければならないことがあり、なかなか難しい。

短期的な時間とは、ご飯を作ったり、食べさせたり、お風呂入れたり、寝かしつけたり、などの一日の中での時間単位で、半ば自分のため、半ば子どものために、親である自分が割くべき時間だ。

長期的な時間で思考せねばならない事柄とは、小学校入ったらどうだとか、高校私立に入っちゃったらどうだとか、大学にでも入ってしまったら、お金どうしよう、あるいは人によっては、自分の死後の財産分与だとか、子どもには警察官になってほしくないなとか、金にがめつい医者とかになってほしくないなとか、そうした子どもの将来に関わるような時間の射程だ。

私のほとんどの時間が子育てで成立しているので、実は一番私にとってリアルな事象だ。それに加え、貧乏だし、革命を志向している。子育て、貧乏、革命、これすなわちリアルである。ぐったり。

子育てには、正解など、たぶん、ない。

だって、子どもは別人格だし、何が良かったのかなんて、自分ですら、正解を得ていないのだから。だったら、ということで、自分なりに、葛藤しながら、一緒に暮らしていくしかない。自分なりに、というのが、大変難しい。さほど子育ては、得意ではないし、ただでさえ、自分も、ずっと、ぼやぼやしている人間だからだ。もうどうしたもんだろうか、と基本的にはずっと悩んでいる。これ、何かに似ていると思う。哲学書を読む時と、似ている。

難解な哲学書なるものを読んでいる時は、何について眼前の文章が書かれているのだろうか、だったり、なんとか解釈して、ある程度オッケーだったと思っていたら、前言をひっくり返すようなことを哲学者が述べていたりすると、そこの整合性をどうつけていこうかと再び、悩み始めてしまう。

子どもも、一度注意したことを、またやらかしたりする。部屋を片付けてね、と言っても、えんえんと絵を描き続けているし、ご飯を食べろと言っても、子どもはきゃっきゃっと何かのごっこ遊びを続けていたりする。放っとけばいいよ、と言われても、私も、即座に、夜の時間を確保して、勉強したい。原稿を書きたい。自分との整合性が問題になってくる。なかなか難しい。ということで、今日は、愚痴モード全開で、子育てのことについて！

当然のように、小さい人間と暮らすのは、大変である

世のお父さんをうらやましく思ったりすることがある。

朝起きて、会社行って、帰ってきて、寝る。土日くらいだけ、子どもと触れ合う。子どもの側からしても、土日だけしかお父さんと遊ばないから、特別な存在になったりして、パパ大好き、なんて言われまくる。まぁ、これが普遍的なことかどうかはわからない。なんとなくのイメージだが、周囲もそういうパパ像を有している子どもが多い気がする。パパ側も土日だけ子ども見るくらいへっちゃらさ、土日くらいご飯を作って、喜んでもらって、イクメンさ、なんて状態。ファック・ユーである。

こちとら、仕事もこなしながら、保育園の送り迎えだろうが、晩飯だろうが、お風呂だろうが、寝かしつけだろうが、やっておる。パートナーも一緒にもちろんやっている。とはいえ、この頃とは違って、現在は就職しちまったので、申し上げにくいのだが、現在は実のと

ころ、先ほど述べたファックな父親に成り下がっている。サラリーマンになっちまった。パートナーに負担がいきがちである。ごめんよ……ぐったり。

それはそうと、当時の気持ちにちょっと戻ってみる。よく独身の方で、飲み歩いたり、イベント行って、超楽しいぜ、みたいな写真とか報告とかをSNSでアップしているのを見てしまうのであるが、正直、凹む。嫉妬もする。もちろん、私とて、飲み歩いたりすることだってあるし、イベントだって行くのだが、その時の良心の呵責たるや、半端なものではない。ああ、ごめんなさい、パートナー。

また、困った(?)ことに、一緒に暮らしている子ども二人は、超ママっ子なので、母親の取り合いで、喧嘩をすることが多い。片方が、何かをしでかして、母親が注意すると、片方が、俺しでかしたりしてないも一ん、えらいも一んとかいうと、母親もそうね、こっちは偉いわねなんて発言しようものなら、しでかした片方は、いじけ出して、どうせ俺なんか、となり、母親も、あらごめんなさい、よしよしと慰め始めると、しでかしてない方はそっちばっかりよしよしするのずるい、となって、いじけ出して……その無限ループである。

私の方はというと、ちょっと、怖いお父さんの印象があるのか、しでかした方を注意すると、子どもは二人ともシーンとなって、反省している風になるので、まだ楽。

家の中だけであれば、子ども二人だけで、なんとか、処理できなくもないのであるが、これが社会性を帯びると、なかなか難しい局面があったりする。

小学校から長男が帰ってくると、友達と遊びに行く。次男も一緒に行きたがるので、一緒に連れてってあげて、てな具合に伝えると、一応、一緒に行く。で、夕方になって帰ってくると、どっちかが泣いて帰ってくる。ある時なんかは、長男とその友人の輪の中に、次男が入っていたせいで、長男が十分に遊べなかったので、遊びの消化不良を起こし、帰ってきてから、ぐすぐす泣き出したりするなんてこともあった。

あるいは、『ドラゴンボール』のカードがなぜか子どもたちの間で流行っていたのであるが、そのカードを友達同士で、あげたの、あげてないのだので喧嘩の原因になる。レアなカードがあるらしく、それを欲しすぎて、長男の友人は、通常は一枚数十円のカードを、数百円出して、カード屋さんで買ったのにもかかわらず、それを長男にあげてしまったようだ。で、その長男の友人は、帰宅してから、本当はあげたくなかったと言い出して、彼は自宅で号泣したらしく、長男のその友人と、そのお母さんがその晩にうちに来て、なんとか返していただけないでしょうか、なんてなると面倒くさい。もちろん当然のように返却するし、てか、そもそもそんなことしていたことすら長男が隠していたことに、こちらも腹を立てたりするし、こうした状況がいかに愚劣な行為であるかを長男に説明する時間が必要となる。ウキウキでもらったカードなのに、なんで返さないかんの、なんてふてくされているので、話をなかなか聞いてくれないし。

こういう時、プルードンというアナキストの**「所有、それは盗みである」**というパンチラインが頭をよぎる。それを子どもにも説明しなければならない場面が来る。とはいえ、子どもに私的所有(propriété privée)と公的所有(propriété publique)、それに加え私的保有(possession privée)というものがあり、それらの違いやら、所有によって生じる格差と、その是正みたいな話までしようと思っても、なかなか通じないので、基本的に、友達同士で、モノをあげたり、もらったりするのは、今後一切禁止である旨を、とうとうと伝えることで精一杯。

ある程度、あげたり・もらったり問題については理解を得たところで、晩御飯準備して、食べて、ゆっくり一緒に風呂にでも入っている時に、所有やら保有やらの話をしようと思い、モノを持つっていうことはね……だったり、最近、奥野克巳さんていう人類学者が書いた本を読んでね、そこではプナンと呼ばれている狩猟採集民がいてね、その人たちには所有なんて概念はなくてね……なんて話が長そうなインテリパパのお説教というか、ちょっとええ話を語りだしてみるのだが、話が長いだの、わからんだの、お風呂あついけん、もうあがるね、ザバァと水しぶきをあげて、私のもとを去っていく。失敗である。

とはいえ、楽しいこともある

自分の趣味に付き合ってくれるのは、時に子どもだったりする。

山に登るのが好きだ。金もかからんし、体力づくりにもぴったり。一人で黙々と登って、頂上で、コーヒーでも沸かして、一服。たまに考えごともするにはするのだが、基本的には、何も考えず、知覚だけを頼りに、あ、こっちに、抜け道があるな、なんて未踏ルートを行ったりする。冒険気分だ。

そんな冒険を楽しむためには、時にパーティーを組むことがあっても良い。そう、パーティーを日本語に訳せば、党である。共産党宣言。平日の昼間にだいたい同い年くらいの友人は捕まらない。夏休みとか春休みとて、一緒だ。しかしこの休み期間、子どもは、家で、だらだらしている。五分ごとくらいに、ねぇ、見て、と書いた絵を見せに来るので、いちいち講評をせにゃならず、仕事にもならない。こうなったら、山に登るしかない。

ということで、嫌がる長男を連行して、山登りである。最初は、だましだまし、登山。もうちょっと行ったら、キャラメル休憩ねとか、もうちょっと行ったら水汲む場所があるから、そこで一休みね、なんて言いながら、ちょっとずつ頂上を目指す。歩いていれば、不思議と人間集中するもんで、頂上を目指すという点においては親子共々、目標は同じ。歩くしかないと諦めさせて、ちょこちょこ会話したりしながら、ひたすら歩く。

好きな子おると？　どんな子？　なんて女子トークならぬ、親子トークを展開して、その子と結婚する旨を宣言されて、そうか私にも義理の娘ができるのね、ふむふむなんて気持ちになったりすると、ちょっと楽しい。もちろん、結婚しなくてもいいし、好きな人の性別など気にならんけん、とか話していると、また、また面倒なことを言っておる、先に頂上行くけん、なんて走って私を抜き去っていったりもする。こんなやりとりが楽しかったりする。

あとは自転車乗る訓練なんかは、自転車に乗れるようになった子どもも楽しいのだろうが、教えた自分が天才なのではないかと、いい気持ちになったりもする。長男が三歳くらいの時に、補助輪付きで、手に入れて、乗り回していたのだが、いい加減、補助輪なしで運転したいというので、仕方がないね、ということで、当時五歳の長男に、補助輪なし自転車の乗り方指南教室を開催。自転車なんて、私は金がなくて買えないが、長男が親戚連中におねだりしまくって、小学校あがるタイミングでも、ギア付きのなんだか良さげなブツを手に入れてきた。親があっても、子は育つ（by坂口安吾だったっけ?）。

で、バランスをとって、ペダルを勢いよくこぐんだぜ、なんて教えていたら、一発で合格。何これ、俺天才じゃん。長男は長男で、乗れた嬉しさからか、ヘラヘラしながら、木に激突。嬉しいけど、痛い、なんて泣きべそをかいているが、私は、私で、俺天才じゃん、人に自転車運転できるように教えるの超うまいじゃん、すごすぎでしょ自分、なんていう余韻に浸ったまま。実は先日、次男（現在四歳）にも同じように自転車練習させていたら、ものの五分で、乗れるようになった。私は大哲学者であり、かつ自転車指南先生なのだ。すごいだろう。子どもができないことを、自分のおかげでできるようになるというのは、なかなかの快感だ。

これは楽しい。

絵も実は、長男が三歳くらいまで、一緒に描いていたことが多かった。

バスとか、電車とか、人物とか、諸々の絵を一緒に描いていたら、勝手に、真似しだして、今でも、毎日、絵を描きまくっている。五歳くらいまでは、可愛らしく、将来は絵描きさんになりたいと言っていたが、最近は、小学校を中退して、鳥山明先生の弟子になるんだと言い張ったり、吾峠呼世晴の引退後に俺が描くと言ったりしている。それにこの前は、塾に行って、東大に行きたいとかほざき出した。うーん。どうしたものか。

それはそうと、絵のことだが、長男が楽しそうに絵を描いているもんだから、次男の方も兄の真似して、『ドラゴンボール』や『鬼滅の刃』の絵を描きまくっている。なので、我が家には、常に、『ドラゴンボール』や『鬼滅の刃』の絵が、何百枚と毎日量産される。面白いタッチのものだけとっておいて、夜寝静まった後に、そーっと捨てている。邪魔なので、本当は全部捨てたいが、親バカなところもあり、捨てきれない気持ちもある。

アナキスト教育

子どもの教育問題は常に、考えざるを得ない。

タダでさえ、小学校の入学式やら出ただけで、君が代・日の丸問題が生じる。私はたまたまなのだが、君が代を一度も歌ったことがない。私が通っていた小学校は一度も歌う機会がなかった。東京の国立というなかなか香ばしい左派がいる環境だったからか、一度も国歌なるものの全貌を聞いたことがないし、せいぜいその歌詞のはじめの方だけ、ちょっと知っているくらい。国旗なるものも学校では見た記憶がなかった。

しかし、福岡や長崎の公立小学校では、起立させられ、フッーに歌い出すので、困惑している。当然のように私は立ちませんし、歌いませんし、そもそも歌えません。とはいえ、福岡や長崎とて、周囲の父兄もみんなパラパラ立つくらいだし、パラパラ歌うくらい。別段、アナキストというわけでもなさそうだが、実は、筋金入りだったりして。

まぁ、要は、国歌とか国旗は無視できる。長男が通っている小学校の、実際の教育内容はどうかというと、宿題は多いわ、クソ暑いのに体育は外で開催するわ、福岡独自のヤー！という掛け声はあるわで、ちょっと不満。

宿題はそもそも、文科省ですら、学習指導要領にも、記述がないのはご存じだろうか。授業時間内に教える内容がすべてであって、それ以外は、本来は不要なのだ。体育は、ちょっとこの間のクソ暑くなってしまった日本の夏のせいで、外でやるのはやばい、という共通見解が出てきて、あまりにも暑い日には外でやらなくなりつつあったりする。それと、ヤー！問題である。「座れ！」の掛け声とともに、子どもたちが「ヤー！」と叫んで、座るのだ。福岡はまだ戦前のナチスドイツと同盟でも結んでいるのだろうか。てか、ドイツ語ですか。てかナチスですか。おそろしか。これはただ、若干、面白かったりするのだが、看過できない。しかし、ヤー！　だって三回も唱えれば、チャゲ&飛鳥の誕生だ。

その一方で、シュタイナー教育とか、モンテッソーリ教育とかいろいろある。これは、子どもに合う合わない問題、あるいは親の私たちに合う合わない問題がある。どれも素晴らしいし、どれも保育園や幼稚園、はたまた学校によって、導入具合が異なるので一概には言えないが、私たちにはあまり合わなかった。

たとえば、シュタイナー教育を実施していた幼稚園があったのだが、そこに興味津々で入れてみようかと思ったことがある。しかし、親の格好は麻の服を着ていなければダメ、黒い格好しちゃダメ、木のおもちゃ以外で遊ばせてはダメ、なんて禁止事項が多すぎて、断念。

私の私服は登山の格好が多いので、メリノウールとかゴアテックス入りウィンドブレーカーとか、そんなのばかり着ているし、だいたいからしてアナキストは黒い格好だし、木のおもちゃがいいのは重々承知しているが、子どもが仮面ライダーやらにハマってしまっていた時期だったので、いまさら、木製のおもちゃなど目もくれずといった状態。これで断念。

自分たちにとって、適当が一番良さそうだ。何度言っても言い過ぎることはないが、これは合う／合わないの問題なので、ディスっているわけではございません。それにしても、子育てや教育に、正解は、ない。

＊

それはそうと、アナキストは教育に熱心な人が多い。

フランシスコ・フェレールという教育者がいる。一九世紀から二〇世紀初頭にかけて活躍した活動家でもある。一八九〇年代のスペインでは、アナキズムの運動や、色とりどりの社会運動が盛り上がりを見せており、テロ行為なんかもよく起こっていた。そうした中にあって、知識人や芸術家なんかもアナキズムに共鳴しはじめており、アナキズム的な知性を醸成しようという機運も盛んになっていた。

もともと鉄道職員だったフェレールは、そこでの組合運動に熱心で、カタロニア反乱にも参加していた。ちょっとやりすぎて、あんまりスペインにはいられないや、ということで、パリに逃げ、そこで語学教師なんかをしていたら、高貴な貴婦人と知遇を得て、その高貴な貴婦人の遺産を手にすることができた。で、スペインに帰国後、理性と自由を尊重する「近代学校」なるものを設立。識字率の低かった当時のスペインの農民や工業労働者に読み書きを教えたのだ。それまでキリスト教教育が学校のメインストリームだったのだが、教会とか勉強に関係なくね、ということで、教会の意向とは関係なく、つまりその意味で自由に、お勉強できる環境を作っていたのである。

そんなことをしていると、カトリック教会は怒り出す。それで、でっち上げの罪、つまり国王暗殺計画に加わったな、フェレールめ、ということで、イギリスに逃げたりするのだが、バルセロナで反乱の報を聞きつけ、その反乱に参加しようとして逮捕されてしまう。逮捕されて裁判受けたら、なんと、死刑判決。なんじゃこりゃぁ！　まるで大逆事件だ。

実際、フェレールの学校はさして抵抗勢力を醸成するような教育なんかをしていたわけではなかったのだが、そうとはいえこの学校関係の人たちだったり、あまりにもひどいでっち上げの事件に腹を立てたアナキストたちが立ち上がって、猛烈な抗議。スペインだけではなく、ヨーロッパ中の知識人なんかもブチギレて、世界各地で抗議の波が広がり、この当時のスペインの内閣も倒れるほどとなった。

そんなこんなで、このフェレールの遺産を継ぎましょうねということで、スペイン中でこの近代学校が広がっていき、一時期は、スペインの教育機関のほとんどが、この近代学校の理念に基づいていたと言われてもいる。この近代学校の理念はスペインだけではなく、ヨーロッパ中、否世界中に広まっていく。後にウクライナでアナキストが立ち上がり、ウクライナのほとんどがアナキストの領地だった時代があるのだが、そのさいの教育機関のあり方がまた、この近代学校をモデルにしていたとも言われている。

ネストル・マフノというロシア革命の時期にウクライナで活躍したアナキストがいるのだが、たとえば彼はグリャイポーレというド田舎の街を拠点にしながら、その街をコミューンとして成立させて、教育機関まで創設し、仕事も作って、慎ましく暮らしていた。教育内容もユニークだ。クロポトキンの書籍が教科書として指定されていたり、演劇の授業なんかもあったそうだ。もちろん、地域によって、使用言語は異なるので、その土地にあった言語を使用していたり、その土地にあった農業のやり方を伝授して行ったり、地域ごとの自主自立の精神を醸成するための場所が学校でもあった。

田舎で子育てすること、地方で教育すること

こんな近代学校の理念をちょっとでも知ると思うことがある。せっかく福岡なんだから、第二外国語の習得にはコリア語の方がいいのになとか、北海道はロシア語でしょうとか。長崎は中国語とオランダ語教育を小学校からやりましょうとか思ったりもする。はたまた、畜産系の授業ならば、北海道は牧畜、鹿児島は養豚、宮崎は養鶏などなど、その場所の産業にも合わせたことを学校でもやればいいのに、と思ったりもする。地方国公立大学はその機能が多少は担えている、はず、たぶん（確か鹿児島大学は焼酎を作る研究室があったような気がする）。いずれにせよ、その場所でしかできないことを思いっきりやれるに越したことはない。

で、私が同居している子どもたちは、里山地域でどんなことをしているかというと、五月くらいから一〇月くらいまでは、ほぼ毎日川で水遊びしたり、裏山で秘密基地を作ったりしている。春は山菜採り、夏秋は虫取り。あとは、もちろん海水浴。冬は雪合戦と言いたいところであるが、北部九州はあんまり雪が降らないのが残念。とはいえ、アスファルトが少ない場所だと、こんな夢みたいな遊びがたくさんできるのである。なので、アスファルトタイヤを切りつけながら暗闇走り抜けることはできないのです。さよならＴＭネットワーク（ち

なみにＴＭは「多摩」の略語らしいです。私が育った地域であります）。いずれにせよ、これらの遊びに、ほとんど、お金は必要ない。里山の方がゲットワイルド。

とはいえ、問題もある。

今はまだ小学校・中学校が同じ町内にあるので、通学時間は遠くても一時間とかでなんとかなるが、高校になると町外に出ないと、ない。同じコミューン内の高校生の子どもと暮らす友人は、毎朝、駅やらバス停まで車で送らねばならなかったりする。それと、同じ町内はまだゆるゆるの教育環境なのであるが、街中の高校でも行けば、地方特有（？）のマッチョな九州男児によるしごき教育が待っていたりもするし、街中に行けば、きさん、何中出身や、くらすぞ、ごるぁ！　みたいな輩もいたりして、結構、田舎出身の子どもたちは、学校に行きたくなくなったりする。

＊

こんな事例もあった。

以前、とある高等専門学校（高校と短大・大学が一緒になったような教育機関です）で非常勤講師をしていた時のことだ。

高専は基本的には理系、特に工学系の勉強をする場所として名が高い。そこで倫理やらを教えていた時に、学生から、本当は自分、文系の勉強がしたかったんです、と悩みを打ち明けられた。どれどれ、と話を聞いていると、実家のある地域には高校が一つしかなく、校区の問題があり、そこへしか進学できない。しかしながら、そこの校区の高校はあまり大学進学の実績がなく、かつまた私立高校へ行くほど実家に金銭の余裕もない。彼はなかなか受験勉強はできたようで、無事、高専に入れたのであるが、それでも、日々の勉強にストレスを抱えていると言っていた。より高度な勉強ができる場所が高専しかなかったのであるが、そこでは日々、ロボットやらアプリ開発やらのお勉強をひたすらすることになる。でも本当は文学や哲学を勉強したい。どうしたら良いですか、との相談だった。

校区問題もさることながら、選択肢は地方には、ない。東京では想像もつかない問題であろう。そこで、国公立大学へ編入でもすりゃいいじゃんと思いつつも、編入のための勉強をする時間もお金も、ない。そして今や国公立大学とて、一年目は入学金合わせて八〇万円ほどかかったりする。よく事情を知らないクソジジイどもが、俺らんときは、自分で学費払って行ってたし、自己責任やろ、とかいうのであるが、学費が昔と現在では雲泥の差なのだ。私も実は学費はほとんど自分で払ってしまったせいで、奨学金という名の奨学金じゃない、学生ローン（日本学生支援機構とかいう怪しい団体だ）を八〇〇万円近く支払わねばならない事態に陥っている。ちょっと前まで、教職などにつけば、この返済も免除されていたのだが、その制度も、もはやない。怒りがふつふつと湧く。

ヨーロッパの大学は無料だったり、払ったとしても年間数万円である。なんでこんな風になったのかご存じだろうか。オペライズモ（労働者主義）という言葉があるが、それを根拠にして、家事労働にも、学生にも、失業者にも賃金を払え、というスローガンが学生や労働者の間で盛んになった。マリオ・トロンティやアントニオ・ネグリなんて活動家・思想家がいるのであるが、彼らなんかが社会工場といって、**この世は工場なんだから、どんな領域にも金をよこせ馬鹿野郎**、というお話である。

そう、学生とて、潜在的な労働者だ。大学を出れば、社会で労働する。家事労働とて、家の外で労働することを支える労働である。また失業者も学生と同じで、仕事を得るまでの潜在的な労働者なわけだ。

そんな立論から、激しい運動が展開されたのが一九六〇年代以降のイタリアだ。もちろんイタリア政府はこうした社会賃金などを認めたりはしなかったのであるが、それに怒り狂った人たちは、空き家を不法占拠したり、交通機関をただ乗りしたり、物品を万引きしまくったりして、イタリア政府に圧迫をかけていった。そこで、ついに困った政府筋も、大学に対して金をかけるようになった。設備を整え、教員を増やし、生活費を保障するために、授業料を無料にして、給付型の奨学金をどんどん作った。賃金こそもらえなかったかもしれないが、学費は無料になったのだ。

これで欧州諸国の知的水準はガンガン上がっていったわけだし、なんの問題もない。教育の機会均等は絶対に実現しなければならない。軍需産業に金をつぎ込む我が日本政府は、教育の機会均等を殺している。軍需産業はやはり人を殺すのである。

田舎で子どもや学生と接することは、東京の実情とはまた別の問題に直面することでもある。私一人では何もできないが、できることもある。

その非常勤講師を担当していた一年間は、これこれの本読んで、その感想でも教えてよ、みたいな感じで、授業後に密かに（？）毎週やり取りをしていった。以前書いたように私が高校時代、倫理・政治経済を担当していた中村先生から、フーコーやら鷲田清一やらを教えてもらっていたように、今の私がそれをしてみているのである。

そのかつての学生は今や重工系（しかも軍需産業……）の工場で働きながらも、哲学や思想の本を大変よく読む社会人になっている。自分の働いている職場の人間がいかに蛸壺的な発想しかないのか、よく理解できるようになったのは、哲学・思想に触れたからだそうだ。その工場では、今や彼がいなければ円滑に仕事が回らない。蛸壺的知性よりも、キョロキョロ**周囲を見渡せる知性を哲学・思想は醸成**してくれる。ゆくゆくは、革命勢力のスパイとして、軍需産業のヘゲモニーを握ってくれるのだそうだ。これで、もう、軍備も整ったも同然だ。いつでも革命ＯＫ。

第11章

革命

自分の居場所を作るということ

はじめに

革命ってなんでしょうね。これはずっと考えていることだし、よくわからない。でも、とにかく、ひたすら、ものすごいご馳走のような概念であるのは間違いなさそうだ。

呉の軍需産業で働いているアナキスト友達がこんなことを言っていた。

「もう革命しかないもんね」

彼が住んでいる呉の街は地方都市のくせに、妙に賑わっている。地方都市特有のシャッターがあまりない。このご時世に、ちょっと、街に活気がある。それはなんでだろうか。呉はもともと戦前から軍港で、戦後もある種の軍港だ。海上自衛隊だっているし、アメリカのGM社に売りつけるための原子炉の元を作っていたり、戦闘機に使われる部品を作っていたり、潜水艦に使われる部品を作っていたりする。

最近私が住みはじめた長崎も、なんだかんだ、そういった状態に近い。この連載にも書いている福岡の里山のコミューンの家からもまぁまぁ近い北九州だって、そういった類の産業といってもいいかもしれない。ハードな産業のほとんどは、上っ面はいい顔してるくせに、なんだかんだ、戦争産業に加担していることが多い。だから核爆弾が当初は北九州に落とされる予定でもあったし、広島と長崎に落とされた。標的だったのだ。

にもかかわらず、軍需産業とそれに伴う金をいまだに必要としているし、結局それで金が回っている。人を殺して金儲け。金は必要だが、そうまでして稼ぐ必要は、ないのではないか。だけれども、国家ぐるみで今ある経済のあり方が支えられている。だったらそんな国家をぶっ壊して、「もう革命しかないもんね」と言ってみちゃう。

そういえば、ロシア革命が起こったのは、反戦だったりする。「パンよこせデモ」をしていた理由は何かと言えば、戦場に食料が送られて、民衆にパンが回ってこなかったからだ。日本も似たようなことを実は経験している。米騒動だ。米よこせ、馬鹿野郎。そう訴えることで、近代日本で革命が起きそうになったことがある。一日で食べる米の値段が一日で稼げる賃金の半分くらいになってしまった。困った。貧乏暇なし、どころじゃない。逆立ちしても手に入る額ではない。どうするか。米屋を襲撃するしかない。仕事なんてしてらんない。貧乏暇あり。暴れちゃう。で、どうなるかというと、「もう革命しかないもんね」。

そもそも近代社会の雛形を作っていったのはフランス革命だ。王を追い出して、封建制なるものを終わらせた。ブルジョワが国家なるものを作っていき、そこで資本主義がより強固に形成されていった。すると今度は生産手段を持たないプロレタリアが辛い生活を強いられるようになってくる。困った。この状況をつぶさに見つめていったのが、マルクスやバクーニンであった。

つまるところ**革命って、おかしくなっているこの生活環境を、もっと言えば、捨て去られてしまったものを、もう一度巻き込んで、前に推し進めていくこと**だ。生活保守主義などではない。おかしくなっているこの生活環境をなんとか打開していくために、おかしくさせてしまっている元凶をぶっ壊し、私たちがそもそも有していたはずの生活環境を、もう一度、作っていくことなのだ。

Re-volteというように、分けて考えてみればわかるかもしれない。Reは再び。volteは巻き込む。そう、軍需産業とかなくても生きていける経済のあり方、それも過去にあったあり方を模索して、前に進むこと。王権などなくても、封建制などなくても、生きていける過去のあり方を模索して、前に進むこと。ここで重要なのは、こうした革命などが起こっていなくとも、革命以前に、革命後の世界を先に実践していくことなのではないだろうかと思っている。

デヴィッド・グレーバーというアナキストで文化人類学をやっている面白い人は、このことを、**「予示的政治**（prefigurative politics）」、なんていったりしている。文化人類学が対象とするのは、国家なき社会だったりする。だから近代の所産である国家なるものがない状態でも生きていける環境を示している人たちの知恵を拝借する。そうした知恵を掘っていく。私たちが国家なき社会で住まうあり方を示していく。これが大変勉強になる。

そこで、国家が現在あるような状況にあってもなお、国家がない状態で実のところは生きている諸実践を見ていくことは重要だ。革命前に革命後のあり方を示すことだ。東アジア反日武装戦線の浴田由紀子さんなんて人は「革命後の世界を生きる」なんてうまいことを言っていた。言ってみれば、本書は、私なりの革命後の世界の生き方を模索することでもある。

実存は本質に先立つ

とはいえ、日常生活と結びつけて書いてね、という担当編集者様のお達しがあるので、あまり抽象的にならないように頑張って書いてみる。そう、実を言うと、なかなか、これが難しいのである。私は哲学者であって、概念を通じて、認識論や存在論や方法論を小難しく語るのが仕事であり、得意である。だから、この文章は、正直、自分にとっては実験的なものでもある。

連載担当時は毎月、試行錯誤の連続だった。要は、慣れていない。大変だ。でも、いい機会なので、読んでくれる人にはわかると思うけれども、私は、か・な・り、面白すぎる文章を書いている、たぶん。狙え、芥川賞。いやノーベル文学賞。村上春樹よりも先に取っちまうぜ。まぁ、なんだって、いい。その昔、竹中労とか平岡正明みたいな書き手がいて、そういった人たちの影響を受けているので、こんな風になりたいな、なんて思ってはいるが、そんな風になるのは、いつのことやら。革命の後どころか、革命の明後日の方向かもしれない。とほほ。

で、革命だ。

先の予示的政治ではないけれども、そういった事例は、結構、いつでもどこでも存在していると思う。そう、コミュニズムだ。子どもたちと一緒に過ごしている時、子どもたちは、糖分が大好きで、シュガークラッシュというドラッグばりの効能を無視して、おかし食べたい、と駄々をこねたりする。嫌々ながら、仕方がないなぁ、と思いながらお菓子を子どもたちにあげることになるが、この時に、お菓子分の料金を子どもから奪ったりなど絶対にしないだろう。欲しいといったら、あげる。貨幣による明朗会計で、その時の関係が、そこで終わるようなことはしない。そう、つまり**贈与**をしているということであり、相互扶助をしているということであり、共産主義的な関係を結んでいるということになる。

あるいは普段仕事している会社にだってこんな事例はある。A4紙で会議資料を作成して、コピーした後に、それをホチキスで綴じようとした矢先である。自分の持っているホチキスの芯がなかったら、同僚だったり、他の職員にお願いして、ホチキスの針なり、ホチキスなりを借りることになる。ありがとうね〜、なんて言って、会議に向かう。この時、ホチキスの針を使ったからといって、はい、おいくら万円ね、なんて会話はあったとしても実際に支払ったりはしないものだ。そう、ここにも贈与や相互扶助や共産主義的な関係がある。

このことを再び登場のグレーバーさんは、「**基盤的コミュニズム**（baseline communism）」なんて言っている。コミュニズムって、遠い世界の言葉かと思っている人もいるかもしれないけれども、実は、私たちの身近にコミュニズムやらはあるのだ。そしてこれが基盤になって、私たちの生活が成り立っているのは、間違いない。子どもを育てるなんて、そもそもそうでなければ、成り立たない。会社だって、そうだ。

貨幣を介入させると、双方の関係は、その時で終わってしまう。貨幣を介入させないと、どうなるかというと、片方が片方に対して、借りを作ることになる。で、その借りを返すべく、貨幣ではない仕方で、また返す。そうすると、返された方も、あれ、こげんものもらっちゃっていいとかいな、なんて具合に、また返して……その繰り返しで私たちは助け合って、生きているのである。

前にも書いたと思うけれども、近所の農家さんから野菜をどっさりとよくもらうのであるが、こちらは借りがあるので、悶々とする。ラッキーとは思いつつも、なんかしてあげらないかんね、という気持ちになるので、高齢の農家さんであるがゆえに、庭の草刈りを手伝ってあげたり、その孫の宿題を見てあげたりすることで、お互いがお互いに適度にスッキリするように、生活環境が回っていく。ともすれば、地域によって、もっと言えば、都市部の多くでは、こうした関係がなくなってしまい、完全に貨幣だけでやり取りされるような世界に成り下がっている気がする。だから、**それをぶっ壊すのが革命**である。で、革命後の世界は、なんてことない、私たちがいつもやっているような贈与と悶々とその解消をしていこうとし、そしてまたそれによって回っていくような世界である。

よくある批判や質問で、それでもなお、がめつくなって贈与されてもその負債を返さないような状態になる奴がいたらどうするの、と言われたりする。答えは簡単である。その人にとって、その環境が心地よくないだけであり、そうではない場所に移るなり、作るなりをすることが最善なのである。要は、居場所が違う、ということに尽きる。**どこへ行っても、その人が必要とされ、その人の能力が発揮されるであろう場所は、ある。**

＊

パリに行った時に、語学学校に通っていたことがある。

典型的な日本人の学生だったので、文法はできるけれども、会話はできない。で、クラス分けの試験を受けたのだけれども、そりゃ、ペーパーテストのみなので、高得点を叩き出すことになった。で、そうなると上のクラスになる。上のクラスになるとどうなるかというと、結構みんなフランス語がペラペラに喋ることができる人たちばかりだ。で、私はどうかというと、喋れない。いや、考えれば喋ることはできるのであるが、スラスラ出てこない。しかも、エクテといって、リスニングがもう、ついていけない。困った。そうなるとどうなるかというと、クラスの中にぽつんといる、日本からやってきた寡黙な一青年に私はなる。

たった一人私だけが、東欧やらフランス近郊のヨーロッパ圏から来た留学生の中に混じっている状態。みんなヨーロッパ圏から来ているので、なんだかんだ、フランス語には慣れている人たちばかり。そしてみんな可愛かった……ドキドキ。それはそうと、普段の私を知っている人はわかると思うが、ペラペラよく喋り、酔っ払うと、トイレを破壊したりする。どうも、東京生まれヒップホップ育ちの阿部薫です。阿部薫はたぶん、寡黙だったような気もするけれども、まぁ、ヘラヘラしているのが私だ。それが寡黙で真面目な青年になってしまう。

喋りたくても、喋れない。思いついても、フランス語が流暢に出てこない。で、同じクラスの可愛い人たちを口説きまくりたい。しかし、駄目であった。そもそも、ついていけない。結構なストレスを感じていた。蕁麻疹だって出てくる。なので、クラスを変えてもらった。クラスが変われば、あら不思議。みんな自分と似たようなフランス語能力である。喋るのも、なんだか臆することなく、できる。失敗したって、いいや。そんな気にもなる。

私はペラペラ喋り始めた。伝わるのもわかるし、相手の言っていることも、簡単な単語だけなので、大変よくわかる。そう、環境が変われば、人は変わる。で、自分に合っている環境でこそ、自分の能力が伸ばせるのである。結構、この経験は、留学した人にはあるのではないだろうか。先日、いまさらながら、平野啓一郎さんの本を読んでいたら、似たようなことが書いてあった（確か『私とは何か』（講談社現代新書）だった気がする）。

そう、この事例と同じで、自分の能力が発揮されやすい場所、ストレスを感じにくい場所、というのは、あるわけで、そこに関しては、自分でうまく見出していくことが問われている気がする。だから、俺に聞くなや、と言いたい気持ちもあるけど、いま答えてみました。がめつい奴とて、自分に合った環境があるはずなのだ。その都度、その環境下で、人間は変わる、本質は変わる。人間には本質が一つしかないなんてことはない。だからサルトル先生も言っていたように、実存は本質に先立つのだ。

革命後の世界

で、そう、革命だ。

こんな基盤的コミュニズムを前提としながら、私たちは生きることができるのであり、その能力に応じて、自分たちの居場所を作っていくことが望ましい。いくつもある事例であるが、一つ取り上げてみるとこんなものがある。

二〇一一年の九月に、エジプトのタセンという村が、独立を宣言した。不可視委員会というアナキストたちが書いている文章だとこういう感じだ。

「われわれは今後税金を支払わない。学校にも支払わない。われわれは自分たちで学校をつくる。自分たちの手でゴミ処理や道路整備をおこなうだろう。われわれを支援する以外の目的で村に足を踏み入れる国家の役人はひとりのこらず追い出されるだろう」（不可視委員会著・

HAPAX訳『われわれの友へ』夜光社、二〇一六年、二〇四〜二〇五頁）

要は、国家は何もしてくれない。税金を払っても、自分たちの住まう環境を良くするなんてことは全くない。だったら自分たちでやるしかない。で、革命を起こしてしまったのである。もちろん、中心なんか、作りたくない。こんな事例もある。「近年では、PKK（クルディスタン労働者党）がマレイ・ブクチン流のリバタリアン・コミューン主義へと転向し、クルド国家の建設よりもむしろ諸コミューンの連合を標榜する光景さえみられた」（同前）。国家なるものが嫌だったから革命を起こすわけで、だったら、革命起こした後に国家なんて作らないで、いろんなコミューンの連合体で、その地域を作っていくことがいいのではないか、そうクルドの人たちは考えた。

最近、同僚になったクルド系の社会言語学の先生がこんなことを言っていた。

「やっぱり、平和って言っても、その平和って戦争とセットなんだよね。しかもその戦争ていうのは、国家の政治の延長線上にあるものなんだよね。クラウゼヴィッツが言ってんだけどさ」

つまり、国家の政治によって戦争があるわけで、その戦争と平和はお互いがお互いを必要としている概念である。もっというと、認識として正しいのは、国家＝戦争＝平和なわけで、私たちが落ち着いて暮らすためには、「**何よりも、国家が不要なんだよね**」と大変含蓄のある言葉をクルド系の先生がおっしゃっていた。彼は故郷を、国家によって、文字通り、奪われている。アナキストによる無政府主義は間違ってない。よかった。

じゃぁ、国家が担っている福祉的なものはどうすんの、という批判がある。**そもそも、福祉的なものって、アナキストやマルクス主義者たちが考案して作っていったもの**なんだから、国家云々は実は関係がない。さっきのタセンの村の事例もそうだし、前回書いた近代学校の事例もそうだけれども、その地域ごとに、みんなで作っていく。その際の予算はどうするかといえば、そりゃみんな納得した上で出していくんだから、収奪ですらないだろう。出したくない奴は出さなくてもいいし、もっといえば、出してない奴だって学校に行っていい。だって、教育にかかった分以上に、人間というのは働けば、その地域に資する貢献は絶対にするから。この点に関しては、いろいろな教育系の論文があるので、詳しいことは割愛するが、いずれにせよ、教育は大変重要であるのは間違いない。

あとは医療。

医療に関しては、キューバなんか無料だし、旧ソ連だってそうだった。研究だってかなり盛んである。これも国家が軍需産業に拠出している金を考えれば、完全にこっちに回した方がいいに決まっている。他にも社会福祉に関していうと、年金制度だったり、保険制度が挙げられるが、これも、国家がただ担っているだけで、そもそも左派が考えて作ってきたものである。国家がなければ、死んじゃう、とかいうのではなくて、国家が勝手に、私たちが考えてきたものを使って、偉そうにしているだけなのだ。アナキストなら、健康保険なんて払ってないんでしょ、とかいうバカがいるが、そりゃ、いやいやながら払っとるわい。だって、この制度はもともとアナキストたちや社会主義者たち、つまり私の先祖が作ったものだからね。ふんっ。

難しいのはインフラストラクチャーと経済。インフラに関しては、いろいろ言われ始めている。もちろん重要なものばかりなのであるが、実は、近代国家と都市化がセットになって、私たちを統治するための装置になっているという指摘がよくなされている。どういうことでしょうかね。

電気・ガス・水道（に加えて今はインターネット）はなければ、確かに生きていけない（ように思い込まされている）。極端なことをあえていうと、これらがなくても、人類はずっと生きていた。もちろん厳密には水は水道管ではなく、井戸やらを掘って手に入れてきた。電気に関しては一番重要なのは明かりだろうけども、基本、なくても生きていける。ガスもそう。ちょっとした道具を使って火は起こすものだった。これがまず人間が生きる上での基本というのを踏まえた上で、それでもなお、これらは、一応、現代社会において必要なものではあることは論を俟たない。

で、インフラだけれども、これらを国家が作っていくことで、私たちの生殺与奪の権利を握られていると考えられないだろうか。それらがないと生きていくことができないようにうまく使われているのである。しかも結構高い額を払わされている。うーん、ムカつく。だからインフラは権力装置なのである。

だったら、どうするかって。**ぶっ壊して、勝手に作る**しかない。電気とガスに関しては、自分たちでどうにかすることは、今の段階では難しい。だったら、相対的ではあるかもしれないけれども、売電会社を変えるとか、ガス会社を変えるとか、大企業とは異なるところにせめてお金を流通させていくことが重要だ。企業の特性をよ〜く調べて、原発に頼っていない電力にしてみたり、ガス田で人を殺してないかとか、いろいろ検討するのが重要だ。これらを実践するだけでも、精神は少し、ほっとする。最近はオフグリッドの家、要は、電力会社と契約を結ばずに、太陽光パネルの電力だけで、なんとか電力をまかなっちゃう家だってある。

とかまぁ、こんなことを言っても、面倒だの、なんだのになってしまう。それに、私たち一人一人でいくら変わっていって、こうした実践をしたとしても、一向に社会は変わる気配はない。なんでかって？　それは簡単。国家があって、資本主義があるからだ。

先ほど登場したが、マレイ・ブクチンというちょっと変わり者のアナキストがいる。この人はこの人で大変面白い一方で、極端なこと言うから、結構嫌われたりしている人でもあるのだが、ここでは割愛。で、ブクチンの何を参考にしたいのかといえば、こんなことだ。私たち人間が自然を破壊しているのは事実だけれども、だからと言って、人間が不要だと言うわけではない。その一方で自然だけが一番偉いのかといえば、自然に身を任せていたら、人間は死んでしまうことがある。人間中心主義だってダメだし、自然中心主義だってダメ。じゃぁ、どうするかといえば、この自然を破壊している**中枢を狙え**、というわけである。人間を殺している**中枢を狙え**、というわけである。それはなんだろうか。そう、国家と資本主義である。

私たち一人一人で一生懸命、環境に良いとされる行いをしても、化学薬品は大量に生産され、それが消費され、環境へ放出される。それによって自然環境が壊れていく。その薬品なりを作っている企業が悪いわけで、経済が悪いわけで、国家が悪いわけである。国家が法的に企業を認め、その企業の金によって国家が支えられる仕組みが悪いわけである。環境に良いとされる行いは無駄では決してないが、それだけでは変わらない。だから、「もう革命しかないもんね」。

それと、経済について。資本主義もそうだけれども、経済って、基本的に国家によって運営されるものだ。政治もそう。だから、私は反政治・反経済である。経済が良くなれば、景気が良くなれば、なんてそんな言葉ばかりが世界中を席巻している。正直、どうでもいいのが本音だ。もちろん、お金は欲しいけれども、国家と結びついた仕方ならば、基本スタンスとしては、そんなものは要らない。

で、経済って、国家ベースで産業開発が行われて（だいたい軍需産業だったりするしね）、金融とかが動くわけだ。そこで出てくるのが、緊縮政策なんてものである。緊縮政策とは、今不景気なんだから、みんな我慢してね、と国家が発動する経済のあり方だ。で、それに対して、反緊縮っていう人たちが最近増えているので、時流に乗って、少しここでも書いてみる。

反緊縮を唱えることはまずもって大切だし、福祉なりなんなりにお金は湯水のごとく流していくのは当然のことである。戦争に、軍需産業に使うくらいならば、教育に、そして福祉に使うべきだ。それはその通りである。しかしながら、その反緊縮とて、国家を延命させる言葉でしかない。今の経済体制とは異なる仕方で国家による経済を延命させる言葉でしかない。そう、**反緊縮も経済政策である限り、国家のもの**なのだ。より良い国家なんて、ないのにもかかわらず。そして経済は警察みたいなものだ。私たちの動向を調べ上げ、私たちが生きる環境を縛ってくる。反緊縮になったとて、私たちを何かしらの仕方でカツアゲしてくるのは、目に見えている。

こんなこと言っていると、ますます仲間がいなくなって嫌われそうだが、アナキストは、矛盾しながらでも、ずっと世間に楯突く厨二病みたいなものなので、仕方がない。かつて、レーニンがボリシェビキに敵対するいろんな左派の連中に対して、「左翼小児病」なんてレッテルを貼ったことがあるのだが、私は厨二病・小児病で結構である。ギャンギャン！

じゃあ革命って……

そう、アナキストたるもの、革命後の世界を生きることも、それ自体は大変プラグマティックなものなのだ。その都度、その環境下で、革命後の世界が変わってくるし、起こすべき革命のあり方は変わってくる。「決定版、革命後の世界」なんてものは存在しないし、「決定版、革命の起こし方」なんてものは存在しない。だけれども、革命は当然のように目指すし、実現させる。もちろんその革命そのものが生じたら、はい、終わり、ではなくて、革命を起こしても、常に、次の革命を目指し、実現させていくのがアナキストだ。

それって辛くないですか、と思う向きがあるかもしれない。けれども、人生、生きていて、ゴールなんて、ありますか、と問いたい。

死が一応のゴールだとしても、そこまで、ただ生きていくだけであって、その中で、生きやすい環境で生きていくだけなのだ。生きている限り、ずっと革命を希求すること自体が、実は通り道みたいなもので、そうしたことそのものは、当然のことでしかない。そう、革命がゴールなのではない。就職がゴールでもない。前回書いたように、子育てには正解がないのと同様に、子どもを育てていく中で子どもを成人させるのがゴールではない。ともすれば死だってゴールでもない。**生きていることそのものがゴールだ**とすれば、その意味では、ずっとゴールはし続けている。

アナキストは得点王だ。

ずっと革命後の世界を生きているので、ゴールはし続けている。やったね。毎日、革命を生きているんだもん。るんるん。そう、生きやすい環境って、これなんじゃないの、と伝えていくのがアナキストだったりもする。アナキストは、実は生活の知恵者が多い。だって、この世界に文句言い続けながら、生きていける精神を持っているわけで、そうしながら、どうやって生きていくのか工夫している人たちが多いのだから。

もちろん有限な存在者なので、限界はある。自分なりに、自分の知っている知恵の範囲内で、伝える。極貧でも、私は生きてきた。その知恵は多少なりとも、ある。金がなくてつらくなるくらいなら、私のところに来て欲しい。なんとか、生きる手伝いをする。

この間、長野にいる友人が子どもを産んだ。子どもを産む直前くらいからその友人の旦那が、その友人に、灯油をかけて火をつけたりしていたらしい。その旦那も心配だが、私は何よりも友人と、その赤ちゃんが心配である。妊娠している間も腹を殴ったりしていたそうだ。その彼女を救出しにいくしかない。彼女が産後の現在にあって、うちに来てもらって、ゆっくりと休める環境を作り、荷物を置き、彼女が仕事なり、そのうちするのならば、ということで、その手はずを今、整えているところだ。

他にも、父子家庭で子育てをしている同業の尊敬している大先輩が、子育てでいっぱいいっぱいになってそうなので、夏休みのちょっとの期間でいいから、私のところに来ないかと誘っている。加えて、スイスのアナキストが夏に長崎に来て、海で泳ぎたいとぬかしておる。スイスには海がないもんね、ということで、来ることになっている。

自分ができることなどたかがしれている。

でもやらないよりはやったほうがいいし、できることはやる。もちろん、私一人が頑張っても無駄なことはある。局所的にやれることはやりつつも、大局的には「もう革命しかないもんね」。それに尽きる。今回の章で終わりみたいな雰囲気を漂わせている本書だけれども、まだあと一回あるよ。残念でした。やっと終わったと思ったら大間違い。まだあるもんね。まだまだ革命への希求は続くし、革命後の世界は続く。

第12章

家探し、再び

ずれて、拠点を作り、またずれる

はじめに

福岡から長崎へ引っ越した。

福岡の里山にあるコミューンを離れるのは大変寂しい。友人たちもいるし、畑もある。春になれば裏山で山菜が取れたし、イノシシもシカもアナグマもいた。動物園いらず。なんだかんだ二年以上住んだ。極貧でも暮らしていけた。革命後の世界を実践できた。

実は、私はこれまで生きた三六年間で一三回引越しをしている。平均すればおおよそ三年に一回程度は引越しをしていることになる。ここ一〇年くらいは不動産屋を一切通さずに自分たちだけでなんとか家探しができていたが、それもなんとなく知っている地域だったりするがゆえであった。

京都も酒井隆史さんの家に住まわせてもらったし、パリもクリス・マルケル研究者の東志保ちゃんからの紹介で家をあてがってもらった。福岡に流れてからは、最初はパートナーの実家、その次は本書の里山地域での家。ここに関しては自力で探した。不動産屋を通さなくてもなんとかなる。

長崎に関しては、未知の世界である。まだあまり知り合いもいない。もちろん長崎の情報自体は知っている。原爆が落とされ、キリシタンが隠れ、海賊がかつており（今もいて欲しい……松浦海賊ね）、噴火している雲仙があって、アジの漁獲高が日本一で、中華街があって、オランダ風の街があって、軍需産業があって、明治維新後は長崎「府」であるほど重要な都市であり、孫文のパトロンをしていた梅屋庄吉がいたり、アジア初の社会主義政党である東洋社会党も長崎発祥であったり、謎の革命家たちが行きつ戻りつする拠点が、長崎である。

自然も豊かで、都市でもある。なんだかいい感じではある。そんなこんなの情報を知れば、不思議と親近感がわく。これは革命の拠点にぴったりである。原爆を落とされた恨みから、民衆はいつでも国家なんてファックだぜ状態だろうし、キリスト教徒たちが弾圧されていた中にあってもコミューンを作り、仕事を作り、慎ましく暮らしていける知恵もある（ド・ロ神父という半端ないキリスト者がいた）。

海賊なんてそもそも国家なんてファックだぜ状態の精神が知恵としてあっただろうし、どこかその残滓はありそうだ。いざとなったら、雲仙の豊かな大地で農作業もできるし、アジはたぶん世界で一番うまい。中華街裏の唐人屋敷跡には孫文の銅像が祀ってあり、すでに革命勢力が信仰レベルで支えられており、オランダもスペインから独立するほどの抵抗的野心を持っている（渋谷はスペイン坂だけれども、長崎はオランダ坂！）。重工系の軍需産業はクーデター起こしてしまって自分たちのものにしちゃえばいいし、長崎だけで都市国家というかパリ・コミューンばりの長崎コミューンを作っちゃえばいい。探せば梅屋庄吉みたいなパトロンくらいどこかにいそうだし、そこからアジアのみならず世界中のアナキストがウロウロできる場所を作ってしまいたい。

ということで、長崎を楽しむしかない。

で、家探し

お金はもちろんないので、敷金礼金は払えないし、不動産屋を通したくない。なので、大学の宿舎にアプライすることにした。早速問い合わせてみると、大学近くの宿舎は満室で、ちょっと遠くて古いところならば空いているとのことだった。職場まで遠いのは慣れているし、古いとて宿舎ならば、せいぜい築四〇年くらいだろう。

これまで里山地域に住んで、大学までは車で大体一時間とかの通勤時間は普通なので、全然問題はない。また里山コミューンで住んでいた家は築七〇年以上（しかも推定、もっと古い可能性もある）だったし、雨漏りしてても、さして気にならない。よし、申し込むぞ、と大学の事務に伝えたら、入居は五月になります、と言われた。なぬ。仕事は四月から始まるし、子どもの学校の転校問題もある。この時点で、もしかして大学の機能がおかしいのでは、と薄々気づいてはいたのだが、まぁ、しょうがない、ということで、民間の不動産屋で家を探すことにした。

調べ始めてみると、高い。そう、長崎は山がちな土地なので、平地の家がバカ高く、車も横付けできない階段で数百段上がったところにある家がバカ安といった状態。通勤やら子どもの学校のことを考えると、平地の方が良い。ともすれば福岡より家賃が高いのが長崎の実情だ。困った。

どうも人に事情を聞くと、長崎は格差がものすごいらしい。平地のオートロック・エレベーター付きのマンションなんかは、大企業の社員なんかが住んでおり、値段にして三、四千万円する一方で（私の給与ですらローンが組めない高値である）、山の方の一戸建てには高齢化して収入もあまりない人たちが住んでいるとのこと。車が横付けできない土地なんかは、「無償譲渡可」なんて書いてあったり、一〇〇平米超える土地でも二〇〇万円とかで売っていたりする。これはお得だと思って現地に行ってみると、私は良いのだが、子どもが学校まで通いにくかったりする。うーん。ということで、もう一度平地の方に絞って探すことにした。

こんな状況を不動産業に従事している友人に相談してみたら、その友人が仲介するので手数料も格安で、かつ交渉もがっつりしまっせ、と助け船を出してくれた。で、気になる物件をその友人に伝えたら、あれよあれよという間に、決まった。不動産屋を介しながらも、なんだか、安く借りることができてしまったのだ。

とはいえ、家賃は一〇万円。４ＬＤＫのエレベーターなしの五階である。一〇万円でこの規模の家を探すのは、長崎とてまぁまぁ大変だったのだが、この友人の力で、ここまでに至った。私にとっては高いけれども、とはいえなんだかんだ、東京よりは格安である。よかろうもん。

新居は街の中心地まで歩いて一〇分。今まで田舎すぎて、車がないと生活できなかったのであるが、今住んでいるところは、コンビニもドン・キホーテも徒歩圏内。そして何よりも私が嬉しいのは飲み屋がたくさんある、ということだ。ただし、何よりも悲しいことがある。畑が、ない、ということだ。ガーン。

長崎の友人たち

長崎行きが決まった時点で、長崎出身者の山下陽光にいろいろ相談に乗ってもらった。その流れで彼の兄でもある山下大介を紹介してもらった。以前に連載でも書いたように、彼はすみれ舎という障がい者福祉施設をその友人たちと立ち上げていたり、Velocityut というバンドもやっている。ダダイストのシゲちゃんも彼の同僚である。すみれ舎では董夜講というものを月に一回から二回ほどやっており、そこで出会える友人もいる。

引っ越す前に数々の出版関係者から、西さんという素敵な人が長崎にいるよ、と言われており、会いたいなぁと思っていたら、董夜講で西さんのトークイベントがあったので、そこで出会ってから家族ぐるみで付き合いをする展開にもなりつつある。この西さん、編集室水平線という一人出版社を長崎で立ち上げており、良い本ばかり作っておられる。

他にもすみれ舎で出会った人たちに、長沢哲さんというドラマーだったり、その相方さんであるアキさんもいる。長沢さんは、インプロ界隈では知る人ぞ知る方。ものすごいドラムを叩かれるのであり、とにかく安定感抜群の超絶ドラマーである。アキさんはこれまた超絶うまいハムを売っており、長崎市の少し北のほうにある長与町というところで雪の浦手造りハムというお店をやっている。体に良いハムばかり売っている。まいうー。

アジサカコウジさんという画家がいる。

福岡にいた頃に知り合った友人で、それこそ福岡で最初に友人になったのは彼だ。で、そのアジサカさん、長崎市内にも住んでいたこともあり、私が長崎に引っ越してきたタイミングで、長崎で個展をやっていた。日新ビルという出島の前のかっこいい建物の中にあるリストというギャラリーでアジサカさんの個展があった。その打ち上げの席で、アジサカさんから大量に長崎人を紹介された。映像をやっている藤崎淳(フジジュンと呼んでいる)やら写真を撮っている繁延あづささんやらだ。

フジジュンは引っ越した先の家が近いこともあり、週に一回程度、立ち飲み屋で待ち合わせて、一緒に飲んでいる。フジジュンは、ピチカート・ファイヴというバンドにかつて在籍しており、今は長崎でソロ活動などをしている高浪慶太郎さんという方のすべてのMVを撮ったりしている。高浪さんとも飲んだりしたし、フジジュンの紹介で『ペコロスの母に会いに行く』作者の岡野さんとも飲んだりした。あづささんは、出産の写真もさることながら、狩猟に同行して撮影をしていたり、最近は長崎など地元ネタを掘り出して、写真とエッセイを書いたりしている、面白いママ友である。亜紀書房から『山と獣と肉と皮』という本も出しているので是非チェックしてみてくれよな。おっす、おら悟空。

あとは、チトセピアホールという公共ホールが勤務先の大学近くにあるのだけれども、そのホールの館長をしている出口さんという方がいる。彼も以前菫夜講でトークをしていたようで、すみれ舎界隈と知り合い。で、大学の授業に遊びにきてくれたシゲちゃんと、授業後、大学付近の住吉という場所をふらふら散歩していた時に、そのホールに連れて行ってもらい、出口さんと出会って、一緒に飲む仲に。そこから友人になり、私が東京時代に一緒にバンドやっていたVIDEOTAPEMUSICのライブを一緒に見に行ったりしている。

他にも常岡歯科という歯医者さんがある。

常岡さんは東京医科歯科大の学生時代に全共闘の議長をつとめたこともあるらしく、数年前にブレイディみかこさんと私とで福岡の今はなきフタバ図書パルコ新館店でトークイベントをした時にお客さんで来てくれた人だ。長崎の街中で歯医者さんをされており、その病院の一角にある台所が秘密基地っぽくてたまらない。パトロンというわけでもないが、そこに行けば、酒が、飲める。ゴクリ。実は、今日も、行く。ちなみに、ここで読書会やら研究会をしてしまおうと思っている。今月は、読書会のゲストに、酒井隆史さんを迎えてグレーバーとかを学んじゃおうという会にしてしまう予定だ。

それだけではない。常岡歯科で働いている技工士さんが勤務先の大学付近に畑を持っているということで、その縁で念願の畑を借りることもできた。しかもタダで。やったね。人の繋がり、一番大事。さっそく、夏野菜なんかを育てている。畑があれば、元気が出る。この道を行けばどうなるものか、危ぶむなかれ。危ぶめば道はなし。踏み出せばその一足が道となる。迷わず行けよ。行けばわかる。いくぞー！ 1、2、3、だーーー！！

長崎は歴史をディグるだけで、なかなか楽しい

長崎生活もなんだかんだ楽しんでいる。

ただ、楽しいだけでは、革命は起きない。革命のためには、私の大好きな宮崎滔天先生曰く、蜂起・暴動・陰謀が必要だ。この点については、すでに最終章なのでもう紙片が割けないけれども、いつか筆を改めます。そして、この本書で編集者から要請されており、かつ目下の生活の上で重要なのは、革命後の世界の実践をしなければならないということだ。そのためには、どうするべきかといえば、秘密のアジトが必要である。すみれ舎も、常岡歯科の台所も、チトセピアホールもいいのだけれども、長崎の市内の各地に場所があったほうが、

良い。

以前、福岡にいた時は、art space tetraという場所を複数人で運営していたのであるが、長崎でも場所作りをしようと企んでいる。革命の拠点だ。ぼんやりと今考えているモデルケースは、新宿にあるIRA（IRREGULAR RHYTHM ASYLUM）である。そこは成田さんという友人が主に運営しているインフォショップである。書籍やコーヒーやらシャツやらも売っている。しかも主義者ものばかり。アナキズム関連の情報を仕入れたかったら、日本だとここに行けば間違いない。ここではトークイベントもできれば、版画などのワークショップもしている。

こういった仕方で、人が集まることができる場所が必要だ。

自分でできるかどうかは謎だけれども、せっかく街のほうに住んでいるので、テナント借りるか、あるいはテナント付きの家を借りたりできないか、今模索している。山下陽光の「途中でやめる」だったり、シゲちゃんのパートナーの萌ちゃんの「無為」だったり、友人の服も置いてついでに販売しちゃおう。あとは、もう研究室にすら置けなくなりつつある大量にある書籍を置きたいし、山下大介や出口さんらセレクトのCDも置いてあっても面白そう。よくアナキスト友達からもらうZINEだったりも置いておいて、ダラダラお酒飲んだり、コーヒー飲んだりできる場所があるとなかなか良いのではないか。全世界の労働者諸君にまったくもって広く開かれていない、大変偏った主義者の場所を提供したい。どこかないかなぁ、ということで、目下探している。こんな場所あるよん、という方がいたら、是非、情報を求む。パトロンも募集中。バンドメンバーも相変わらず、募集中。

場所作り、ということで大変気になるのは、中華街やら、オランダ街やら、異国情緒を感じることができる場所があるのが長崎だ。

まずはオランダ街付近にある帝政ロシア時代からの土地。なんだかいい家でもなかろうか、とウロウロ長崎の街を散歩していたら、バラック風の変な建物が見えた。ここなら安く貸してもらえたりしないだろうか、入居者募集とか書いてないだろうか、と近づいてみた。すると看板がある。入居者募集中か、と思いきや文字をつらつら眺めてみるとこうあった。

「この土地は、ソ連邦の所有として、昭和六二年一〇月一九日、日本の法律に基づいて登記されてあるところ、日本政府は平成三年一二月二七日、ロシア連邦をソ連邦と継続性のある同一国家として閣議承認したため、ロシア連邦の所有となったものです。／許可なく使用したり、立入ることを禁じます云々」

どうも街の人に聞いてみると、もともと帝政ロシア時代に、領事館が建っていた土地のようで、その後革命が起こり、よくわからなくなっちゃって、その間、戦争だのなんだので、勝手に人が住み着いて、スクワットされていたようだ。しかしそれも、二〇世紀が終わる頃に、住民に対して現在のロシア連邦が裁判を起こして、住民を追い出していって、今は空き家状態という話（でも奥の方に洗濯物が見えたような……）。

なんだか、夢のある話というか、歴史を感じる話というか、国家なんて、適当なんだなというのがよくわかる。長崎は外交や貿易の先端地域だったので、諸外国の拠点が置かれていた時代があり（今も中国の領事館はある）、その頃の帝政ロシア↓ソ連邦↓今のロシア連邦という時代の流れを一挙に感じることができるのがこの場所であり、長崎でもある。まさに、一九世紀の息吹を感じることができるのだ。

中華街でもオランダ街でもないのだが、先に述べたリストが入っている日新ビルのあたりは出島の目の前で、街中なのに、落ち着いているとてもいい場所なのだが、これまた人文書を読んでなさそうな現市長が、このあたりをぶっ潰して、運河を作るとかほざいているらしい。その場所だけではなく、フジジュンとよく一緒に飲んだくれる思案橋という繁華街があるのだが、その地域にある区画も、現市長はぶっ潰したいらしい。思案橋に関しては、今は橋はなく、川は道路の下にある。要は、橋を復活させたいらしいのだが、今の市長は、川とか運河が好きなようだ。

長崎の権力者は水が好きなのね、という事例で、佐世保のお隣の川棚町というところで、石木ダム建設問題というのがある。もはや十分に水は足りているのにも関わらず、ただ、利権のためなのかなんなのか、ダムを作って、ホタルのいる美しい景色をぶっ潰したいらしい。これもまたジェントリフィケーションのある種の問題であり、私たちの町が、権力者の手によって、ぶっ潰されてしまう事例だ。今に見ておれ、ギャフンと言わせてやる。

で、中華街だ。

いろいろな仕方で中国系の人たちが長崎になぜ住むようになったのか、という研究はあるけれども、ここは、一つ、私としては興味関心がある観点で話を。

江戸時代から貿易の基地として長崎だけが幕府の公認で許されていた場所であったのは、有名な話。もちろんその頃からオランダやら中国大陸からの人々が一時的に滞在していたり、そのまま居ついちゃったり、というのはあった。で、貿易といった純粋な想いだけで皆長崎に来ていたわけではないのも事実。多くの中国系の仏教寺院が創建されて、中国との窓口となり、ともすれば貿易だけではなく、日本の江戸幕府との政治的な窓口ともなっていた。

朱舜水《しゅしゅんすい》という学者がいる。

水戸光圀に大きな影響を与えた明からの亡命者である。彼がいた中国は、ちょうど明と清がバトルをしていた明清交替期である。漢民族らが多かった明が、満州民族が多かった清によってフルボッコにされ、残された明の有力者たちは亡命政権を至るところで、立ち上げていた。そうした中、魯王なんていう亡命政権があり、そこと朱舜水は仲が良く、なんとか、そうした明側の政権にもう一度一旗あげてもらいたい、ということで、その援助をしてくれそうな国外の政府機関を探していた。

そんな折、当時江戸幕府時代の日本では、中国の学問が大流行りで、朱子学や陽明学に大変明るかった朱舜水は、日本に行って、自分の学問を広めると同時に、幕府に亡命明政府の支援をお願いすることにした。で、長崎に立ち寄って、膨大な数の手紙を幕府側だったり、魯王側なんかとやりとりしていたようだ。そうこうするうちに、直接幕府の重要人物にあって、話し合いをするしかない、ということで、先の副将軍水戸光圀公にあらせられるぞ、で有名な黄門様に会いに行った。黄門様と会ったら、勉強の話で「やべ〜勢いですげー盛り上がる」（by田我流 feat. stillichimiya）。黄門様も朱舜水を大変お気に召したようでありまして、朱舜水から学んだ勉学をもって、水戸学なるものを大成させてしまう。

朱子学と陽明学に関しては、私はさして明るくないのだが、誤解を恐れずに言えば、こんな感じのようだ。「理」という万物の法則があり、それを探求していくのが双方の学問のあり方のようだ。で、とりわけトップに君臨する人間がその「理」を体得し、かつそれを実現していることから、そのトップの理にかなった歴史だったり、政治だったり、経済だったりが語られるようになる。

つまり、空理空論ではなく、理論的である一方で極めて実学的な理論が朱子学と陽明学の特徴のようだ。だからそうした見識を朱舜水から学んだ黄門様は、『大日本史』という、だっさいタイトルの歴史書を書いた。つまり、ありもしなかったであろう神話的な神武天皇から後小松天皇くらいまでの日本のトップの歴史を当時の学術レベルで編纂したのである。私はこんな歴史の観点はまったく評価しないが、こんなことがあったのも、また歴史の事実である。

何が言いたいのかというと、朱舜水は一つの例であるが、長崎に来た中国系の移民というのは、明時代の人たちが来ていたり、今度はその後に、清が倒れた際に、満州系の人たちが移民としてやってきたり、さらに革命前後の中国からの移民が来たりと、とても多様な仕方で長崎には中国系移民の人たちがいるということだ。

他にも、福建会館という、実は現在の私の住居のすぐ近くにある中国系の建物がある。イメージとしては、キョンシーが出てくる『幽玄道士』のテンテン（私は幼い頃、彼女に恋していた）と金おじいさんが住んでいるようなところで、そこの庭には、冒頭にも述べたように、孫文の銅像がある。革命を起こした孫文は私の仲間なので、これはもう、親近感しか、ない。そう、長崎の歴史をディグルだけで、相当面白い。時代によっては敵同士だったりする人たちであるが、しょせん、それは国家レベルでの話であって、そんなんどうでもいい。とにかく、新天地を求めて、生きていける環境を求めて行った先が、長崎だったのだ。私も長崎に革命を起こすために、亡命したのである。そういうことにしておく。

それでもなお、家探し

そうそう、家探しだ。そんなこんなで革命の拠点となる場所作りをするべく、今もなお、家だけでなく、みんなが集まることができる拠点を探している。

大学をそういう場所にしちゃえばいいじゃん、なんて声も聞こえてくる。大学は大学で、当然のように、抵抗の拠点であるのは間違いない。局所戦が常に展開される場所だ。就職してしまった大学は国立大学なので、アナキストがそこにいるだけで、すべてが嫌になるようなことばかりだ。銀行が銀行泥棒を雇ってしまったようなものなので、体制側には諦めてもらうほかないが、こちら側としては、日々、奮闘だ。

まず、人文書をまったく読んだことがなさそうなガクチョー先生問題だけではなく、執行部というのは、どの大学も、権力志向の教養なきひとたちのたまり場であるのはだいたいわかっている。もちろん良心的で素晴らしい人も執行部の内側に入って、日々抵抗を重ねているのも承知しているが、私はあくまで一介の窓際教員。校内全面禁煙を唱えているガクチョーに対して、スッパスッパとタバコを吸いまくる抵抗を重ねてはおるものの、私とて、正直、タバコは止めたい。もう最近、ストレスで喘息がひどくて、タバコなど吸っている場合ではないのだ。

しかし、ここで止めたら、体制側におもねった態度をとったとか、日和ったとか言われかねないので、なんとか踏ん張って、紙を巻き巻きしながら、オーガニックタバコのマニトウを吸っている。おそらく、私が最後に滑り込んだ喫煙教員である。というのも、今後は、タバコを吸う人は雇わないという、☆野リゾートばりの宣言を学長が発信し、それに対して、日本のメディアだけでなく、世界各国の新聞から非難囂々。なので、希望は私なのである。

頑張る、ゲホッゲホッ。長崎リゾート大学粉砕！

＊

そうそう執行部のお偉いさんから、そんな中、面談がしたい、と呼ばれた。やばい。タバコがバレたか。そんな高校生ばりの面持ちで、停学ですか、退学ですか、それとも、反省文でも書くんですか、なんて感じでヘラヘラしながら理事室へ向かった。そうしたら、一五分だけお話を、なんてな具合に、全学の教養改革をお任せしたい、とお願いされた。まずは、タバコじゃねぇのか、という感じで、ホッとして、全力で、そのお願いをお断り申し上げた。

どうも哲学や倫理、そして思想史なんかを軸にして、教養教育を変えていきたいという話なのだが、その中身がすっからかんで、丸投げ状態。

まず、情報倫理やら、教育倫理とかについて、その執行部の方がそのディシプリンをまったく理解されていない状態で、いきなり私にやってくれと任せてきたのである。前提として、なぜそれをやらねばならないのか情報が共有できていないし、その理事シェンシェーに情報倫理とか教育倫理ってどんな学問か知ってますか、と聞けば、あうあうあう、としか答えない。つまり中身をまったく理解していないのだ。しかも、今この改革をやったとて、数年後には、また新たに、改革をしてしまうらしく、なんだかやる意味もなさそうだ。ムカムカして一五分どころか一時間半にわたって、嫌味をたくさんお伝えしたのだけれども、割愛。そのおかげかお呼ばれすらしなくなりましたとさ。

本来であれば、たとえば、思想史・美学史・社会史・科学史などの学説史の講座を、二回目までに古代ギリシャを終わらせて、一〇回目までに近代を終わらせて、一五回で現代の入口あたり、みたいな感じで、きちんと連携をとったカリキュラム再編なんかをやらせてもらい、その上で、教養教育の各論なんかを理解してもらう、みたいなフォーマットを作ることができたら素晴らしいと思う。

だけれども、そんなんやる時間は私にはない。ただでさえ、なんとか委員会をいくつか掛け持ちしたり、なんとか班を掛け持ちしたり、過半数代表者なる組合みたいなものの学部の代表にもなってしまったり、組合も執行部になってしまったり、日々の授業や会議で、いっぱいいっぱいだ。朝から夜まで大学で走り回っている。研究する時間はどんどんなくなっている。一年目なのに、こんな状態だ。そんな中、これらの仕事に加えて、教養教育改革なんて、できっこ、ない。時間が欲しい。

そんなこんなでお断り申し上げました。

何が腹立ったのかって、その理事シェンシェーは、その次の教養改革の時は、大学を定年で去っているそうで、もういないので、関係ありませんけどね、はっはっは、とこの面談の場で私に対して言っていたことだ。カッチーン。そう、日々、局所戦であり、大学はそういった戦いを展開する場所だと割り切って、大学の外で、大きく出ることができる拠点を探している。革命や、嗚呼革命や、革命や（by詠み人知らず）。

おわりに

里山コミューンからはひとまず引っ越してしまったけれども、そこも革命の拠点であることは間違いない。諸外国にも、拠点はたくさんある。香港にも、ローザンヌにも、ロンドンにも、モントリオールにも。長崎に来たばかりなので、ひとまずやるべきことは、拠点作りであり、そこで生活の基盤を整えることである。**極貧でも生きていける状況を作る**ことにある。

前回も書いたように、長野の友人は子どもと猫と一緒に、うちに住んでいる（後日談だが、夏休み丸々うちで過ごしてもらい、今は長野に帰られました）。里山コミューンに住んでいたのと変わらないのは、毎週のように、たくさんの友人たちが我が家を訪ねてきて、乾杯したり、コーヒー飲んだり、ダラダラおしゃべりをしている。気が向けば、ときおり川に遊びにいったり、街に繰り出したり、海に行ってみたり、軍艦島眺めに行ってみたりしている。

新たに手に入れた畑で、野菜をえっさほいさと収穫している。以前よりは畑に出る時間が少なくなってしまったので、収穫のタイミングを逸してしまうこともあるが、それでもなお、野菜が手に入る喜びは、私にとって何にも勝る喜びである。あるいは、時間は少なくなってしまったものの、相変わらず、本を読んで、みんなで読書会や研究会を開催しているし、そこに少しずつではあるけれども、学生が、ワイワイしながら参加してくれるようになっている。

確かに金銭的な意味では極貧生活ではなくなった。どうなったかといえば、収入が増えて、時間が減った。その収入とて、思ったより、というか、高い額ではない。初任給は二十数万円であった。地方国立大学の准教授なんて、そんなもんである。がっくり。金なら、相変わらず、そんなに、ない。同居人が私含めて四人から七人（猫も含む）に増えていたときなど、なかなか、厳しいものがあった。それでもなお、やれることをやるしかない。

革命は遠いのか、近いのか、正直、誰にもわからない。

革命なんて、いきなり起こったりする。いきなりじゃない場合もある。いずれにせよ、革命へ至るためには、その準備をすること。**革命後の世界を実践する**こと。

その準備と実践をしていくことが、実は革命につながる。

ずっと、本書でも述べてきたのは、ズレること、ズラすこと、脱構成だ。よくある中央集権的な何かよりもむしろ、それからズレること。運動をするならば、それをズラすこと。私はひとまず、研究し、教育し、大学で局所的な闘争を行い、友人を助け、友人たちと遊び、文章を書く。時間ができれば、闘争の現場に行って、ワイワイ、やる。それだけである。簡単だ。皆さんも一緒に、どうでしょう。一緒じゃなくてもいいです。とにかく、やれることを、やれるように、やる。あとは、花火をぶち上げるだけだ。

あとがき

そんなこんなで、どうでしたでしょうか。

「家探し」にはじまり、「家探し」に終わる、ビルドゥングスロマン超大作。森元斎『もう革命しかないもんね』。たぶん、ノーベル文学賞か、少なくとも芥川賞くらいは、もらえるんじゃないかなと思う。しかし、どこからも、なんの連絡も一向にこないのは、どういうことなんだろうか。私がひと月先の未来を生きているからだろうか。

それはそうと、ちょっと前に、ハンブルクに行って来た。この間、アナキズムの現代的動向ということで、ロジャバ革命について調べているのだ。

ロジャバというのは、クルド語で「太陽の方へ」という意味だ。場所としては、北部シリアでの革命の拠点である。民主主義とジェンダーの平等を前提にし、協同組合が主導して革命を起こしているのだ。クルドの人々は、近代国家的な意味では、国家を一度も有したことがない。しかしながら、数千年という単位でその場所で生活を営んできた。国家を持たない最大の民族、なんて呼ばれ方もしている。

しかしながら、ペルシャやトルコ、はたまた中東のゴタゴタ（フサイン＝マクマホンとかサイクス＝ピコとか世界史で聞いたことあるやつね）で、自分たちで政治的に自立させていくことが叶わず、常に弾圧の対象となって来た地域である。ここ数十年間の間にも、多くのドラスティックな変化が起こっている。これまでは民族主義的な独立運動が盛んであったのであるが、次第にそれが変化し、マルクス主義的な武装闘争を経て、現在はアナキズムを標榜して革命を遂行しつつあるのだ。

で、なんでハンブルクかというと、ドイツやベルギーなどは、トルコ系の移民、なかでもクルド系の移民がたくさんいて、実のところ、かつては武装闘争なんかをやっていたり、今もなおアナキズムを勉強なんかしている人たちが数多くいるからだ。なかでもハンブルクは、そのハンブルク特別市議会（東京都議会みたいなもんね）で最も得票数が多い人がクルド系の移民だったりもする（この人にも会って来た）。それだけではない。ヨーロッパらしくハンブルクにもスクワット・スペースがあったり、ソーシャル・センターが数多くある中で、クルド系の人々が物凄い活躍しているのだ。

たまたま知り合ったハンブルクの活動家に案内してもらって、ミュージシャン、劇場、劇団員、コーヒー豆のディーラー、ソーシャル・センター、あとはもちろん大学の図書館や資料室などなどに行きまくって、資料収集や、インタビューしたり、意見交換をしてきた。日本でもクルド系の移民の人たちが、慎ましく暮らしているなんて聞いたことがあるかもしれない。ちなみに、クルドの人たちは自らが住んでいる土地をクルディスタンと呼ぶのだが、埼玉の川口や蕨にあるクルド人コミュニティのことをワラビスタンなんて呼んだりしているらしい。なんだか、楽しそうである。私もちなみに、アナキスタンを長崎に作っている。着々と革命の拠点作りに勤しんでおります。

それはそうと、ロジャバだ。

ロジャバ革命のなにが面白いかっていうと、国家として独立するのもやめ、どこまでいっても草の根民主主義で政治を決定し、なによりも女性蔑視や差別が多い中東地域でジェンダーの平等を前提としていることである。伝統や習慣など、だいたいにおいて、捏造が多い。女性は家に引っ込んでろという「伝統」は、世界各地見渡しても、だいたいは、ない。あったとしても、貴族階級やら日本だったら武士の階級とかで、あるくらい。

私たち民衆は、ジェンダー関係なく、力仕事だろうがなんだろうが、やってのけて来たのである。最近まで炭鉱労働の現場なんて、ある種、力さえあれば、ジェンダー差なく働くことができる現場だったのだ。もちろん、その劣悪な労働環境を肯定する気はさらさらないが、なにが言いたいかというと、私たちは、ジェンダー差で差別が生じてはならないし、もっと言えば、この男社会が、だいたいにおいてサイテーなのである。薄々気づいている人も多いとは思うけど、国家も社会も資本主義も、男が運営してるからダメなんだし、男がよりマッチョになるような制度でしかないじゃないか。そう言えば、アメリカの友人と話していたのだけれども、西洋哲学なんて、白人の男性によるマッチョなものでしかないからサイテーだと言われ、ひたすらうなずくしかなかった。

それはそうと、アナキストに女性は多いし、男女問わず、さまざまな性を有する友人は多い。そこには、アナキズムの寛容さだったり、アナキズムがそうした言説を押し広げて来た事実はあるとは思うが、いずれにせよ、まずは、男（だけの）社会は、まったく人間らしさのかけらもない。そもそも人間は多様であるし、社会だって本来は多様なはずである。だけれども、私たちが見かける社会のあり方は、極めて男社会。私はちなみに、残念ながら筋トレが好きなのだが、いずれにせよ、マッチョであることが偉いわけだ。ちなみに、私は筋トレは、肩こり解消と、健康のためにやっております。

で、ロジャバである。

ジェンダーの平等を訴えているこの革命でどんな仕方で社会なるものが立ち上がっているのかを知りたくて、ハンブルクに行ってみたってわけ。本当は、内戦地帯であるロジャバに足を踏み入れたいけど、行けるのか、行けないのか、まだよくわからないことがあるので、そのうちにでも。で、ジェンダー平等ってどういうことかっていうと、それぞれがそれぞれの仕方で、防衛をしようという考えである。男だけが偉くて、女は偉くない。そんな考えを拒絶するのだ。自己防衛という観点を性差関係なく全人類が持つことで、それによって立ち上がることができる社会を直接民主主義で作り上げようとしているのがロジャバである。

アブドゥッラー・オジャランという元々武装闘争をしていたクルド労働者党の前の党首は、こうした議論を、環境系アナキストのマレイ・ブクチンや、民主的共和制を唱えたレスリー・リプソンの影響を受けて展開するようになっていた。たとえば、「薔薇の論理」なんていうものがある。バラは、その美しさを守るために、トゲがある。人間もまた自由な人間の生命を防衛するために、闘うべきである。こんな感じだ。それを、女性の闘争に敷衍させてこう述べている。

社会の中で最も抑圧されている女性の自衛は極めて重要だ。古代に家父長制が成立すると、女性のすべての権利が奪われた。女性は自衛組織を形成し、こうした劣等視、嫌がらせ、レイプ、虐殺を回避できる。このため、女性は自分たちの歴史を学び、固有の組織を作り、生活のあらゆる分野で自分たちの領域を切り開き、独自の軍事力を作り出す必要がある。(ミヒャエル・クナップ他(山梨彰訳)『女たちの中東　ロジャヴァの革命』青土社、二〇二〇年、四一四頁)

美しさの中にトゲあり。親しき仲にも礼儀あり。まずは、人と人との関係なのだ。そこに性差を出してくんじゃねぇ。だけれども、あまりにも男性が女性を小馬鹿にしまくって来た事実を前提にして、女性の防衛を人と人との関係の中にも、社会関係にも、埋め込んでいくことが重要なのである。

ジェンダーの平等だけではない。あらゆることを直接民主主義で合意形成していくのがロジャバ式だ。もちろん、時間はかかる。クルド人による国家を作ろうという考えを放棄していくために、一八か月以上の議論を費やしたという。業を煮やしてかなりの数の人たちが去っていったとも言われている。しかしその一方で、また時間をかけて、戻って来た人たちもたくさんいるようだ。民主主義とは時間がかかる作業である。どこかで妥協を強いられることでもある。それでもなお、粘り強く話し合って合意形成をしていくことでもある。なんでも政府とやらにお任せしている場合じゃないのだ。お任せしていると、だいたいのことが、私たちにはまったく関係のない仕方で決定されてしまう。

＊

本書でも出てきたと思うデヴィッド・グレーバーは、このロジャバに行って諸々調査をしてきたようで、大筋は賛成するといったことを各所で書きまくっている。ただ、その一方で、問題点もあるんじゃないか、ということも指摘している。ここで述べた範囲でいくつか取り上げてみる。

一つは、民主主義には時間がかかるということだ。

時間がかかるがゆえに、その話し合いにいつでも、都合よく参加できる人たちがいるわけではない。普段の仕事もあるだろうし、病気してしまったりすることもあるだろう。そうであるがゆえに、グレーバーは、「積極的な政治的な役割を果たす人が限定されてしまい、この体制が正に避けなければならない政治家階級を生み出す危険を招く」（前掲書、二五頁）と述べている。そう、話し合いに、行ける人、行けない人が出てきてしまい、いつも参加している人ばかりが諸々の決定を下してしまいかねないということだ。平等を訴えるロジャバからすれば、不平等にも、政治にいっぱい関われる人、関われない人の差が出てきてしまうのではないか、という危惧である。

もう一つ。ロジャバはある種の無政府主義的な領土を持つ。そうであるがゆえに、数々の国際条約を批准することが不可能になってしまう。どういうことか。仮に飛行場を持っており、飛行機があったとしても、領空の問題などは国家を前提とした国際条約の締結が不可欠になる。いわば「国際社会」の仲間入りが果たされることが難しいのだ。そこで、建前上「国家」なるものを作り、実際はアナキズム的な組織運営をしたら良いじゃないかと思いつつも、やはり建前でも「国家」があると、「国際的な制度との統合に向けた圧力が加えられるであろう」（前掲書、二七頁）と指摘している。たとえばであるが、ボリビア（ちなみに、正式名称は、「多民族国家ボリビア」である。かっこいい……）などは、この辺はうまく回避しながら、比較的うまく運営しているかもしれない。ただもちろん、問題点もまだまだあると思われる。

制度上、近代国家なるものが前提条件として掲げられていないと、なかなか大変なことも起こってしまう。この辺をどう考えるべきなのか、宿題であり、アナキズムの未来がそこにあるのかもしれない。こうしたマクロな視点はもちろん、ミクロな視点として、生活の流れの中で、アナキズムの可能性を押し広げることは、本書でも書いてきたように、容易である。これらマクロとミクロの両輪を常に思考して、実践していくことが重要なのではないか。そんなこんなでロジャバ革命に注目している。まぁ、要は、思考も実践も常にしていかねばならないし、生きている限り、ゴールしていかないといけないわけだ。

＊

こんな立派な闘争というわけでもないが、大学内でもいくつか闘争を仕掛けてみた。一つは、半年くらいかけて、部分的に負けて、部分的に勝った闘争だ。もう、本書も終わりなので、かいつまんで話をする。それに加え、言えることと言えないこととがあるので、なかなか難しい。要は、学生案件を巡って、私を中心にした学部と、全学で大きく対立したのである。地方国公立大学は、ご存じの方はご存じだと思うが、ガバナンスという由々しき問題がある。全学の理事どもが決めたことは、ぜったぁい、という王様ゲームがまかり通っている。なので、学部でいくら決定事項を下そうとも、それが全学に上がると、全学の言った通りにしかならないのである。

その制度的な意味では、私たちの決定は拒否された。なんと、学部の決定と全学の決定とが乖離する事例は、数十年ぶりらしいのであるが、そんなことはどうでも良い。全学と全面対決だったのである。で、短期目標というか、目下の目標に関しては、負けた。だって、制度的に、どうしようもないから。しかし、中期目標というか、事実上のところは勝った。学生案件の処分決定の方法について、諸々噛み付いたおかげで、今後の悪き事例を作らないようにしたのである。この辺は、活字でうまく言えないので、直接会った時にでも、話しましょう。

＊

それはそうと、コロナ禍である。

直接会って話せないじゃないか、という不満がある。それどころか、このまま、泥沼化していきそうな気配だ。ワクチン問題や、卑近なところだとマスクをつけるつけないの問題。同調圧力問題もさることながら、ポンニチ政府の無能ぶりも曝け出されまくっている。アメリカは、このコロナ禍でも、警察がむかつきすぎるので、路上に出て、警察の予算執行停止まで持っていった。ブラック・ライブズ・マターである。この間、負けている闘争ばかり目にしていたので、元気が出た。

ロジャバ革命もそうだが、実のところ、勝利を目にする運動だって、たくさんあるのだ。**戦わなかったら、敗北しかないが、闘争すれば、勝利も敗北もある**。当然のように選択肢が増えることしかない。闘争すれば、仲間が増える。この間の学生案件で、私一人で戦わねばならないかと、正直、ビビっていたが、声をあげるや否や、学部の同僚がみな、協力してくれた。闘争しなければ、敗北するのである。もちろん、正攻法だけでなく、ズレた仕方でも闘った。脱構成はどこでも使える。

アナーキーであることは無秩序であるということでは決してない。

私たちの生の領域に偏在する知恵の秩序を押し広げ、ベターではなく、ベストを尽くしていくこと。オルタナティブではなく、レボリューショナルに思考や実践を展開していくこと。国内の環境に安住することなく、世界的な動向を常にみていくこと。正攻法ではなく、ズレながら闘うこと。現実を見つめながらも、可能性や潜在性を開いていくこと。

これらを実行している間に、ニヒルにならざるをえなくなることもあるだろうし、ファシストのようになってしまうこともあるかもしれない。しかし、アナーキーであればあるほど、ニヒルもファッショとも縁もゆかりもない、反ニヒリスティックなニヒリズムになるだろうし、反ファッショ的なファシズムになるかもしれない。しかしそれらこそ、アナキズムの大好物であり、丸呑みして、自らに取り入れながら、原動力とし、永久機関となっていくのである。ということで、いただきます、めしあがれ。さようなら、みなさん。また別の機会にでも、この続きの展開について、一緒にお話しましょう。

森元斎 (もり・もとなお)

1983年生まれ。東京都出身。長崎在住。専攻は、哲学・思想史。学位は博士 (人間科学)(大阪大学、2015年)。中央大学文学部哲学科卒業、大阪大学大学院人間科学研究科修了。日本学術振興会特別研究員、パリ第十大学研究員などを経て、現在、長崎大学教員。ホワイトヘッド哲学を中心とした現代思想や、アナキズムに関する思想の研究を行っている。著書に『国道3号線』(共和国、2020年)、『アナキズム入門』(筑摩書房、2017)、『具体性の哲学』(以文社、2015) など。共訳書に、G・ハーマン『思弁的実在論入門』(人文書院、2020)、H・フラスベック+C・ラパヴィツァス『ギリシア デフォルト宣言』(河出書房新社、2015) がある。

もう革命《かくめい》しかないもんね

2021年5月30日　初版

著　　者　森元斎
発 行 者　株式会社晶文社
東京都千代田区神田神保町1-11　〒101-0051
電　話　03-3518-4940 (代表)・4942 (編集)
URL　http://www.shobunsha.co.jp
印刷・製本　ベクトル印刷株式会社

ISBN978-4-7949-7266-8 Printed in Japan
JASRAC 出 2103896-101